やさしい主権者教育

18歳 選挙権への パスポート

上智大学
田中 治彦

明治大学
藤井 剛

毎日新聞社
城島 徹

聖心女子学院初等科
岸尾 祐二

編著

東洋館出版社

もくじ

1章　主権者教育の実践にあたって ……………… 3

主権者教育・市民教育と求められる学び ……………… 4

18歳選挙をめぐる社会 ……………… 11

2章　主権者教育を始めるために ……………… 27

主権者教育と学習指導要領への位置づけ ……………… 28

小学校から始める必要 ……………… 35

主権者教育に向けた新聞の読み方 ……………… 37

主権者教育のためのニュースの見方 ……………… 40

教材をどうするか ……………… 42

インターネットとどうつきあうか ……………… 48

政治的中立について ……………… 52

家庭でどう取り組むか ……………… 55

3章　主権者教育授業のアイデア ……………… 57

選挙を知ろう！　世界の選挙権年齢 ……………… 58

選挙を知ろう！　投票率 ……………… 60

選挙を知ろう！　日本の選挙権の歴史 ……………… 62

選挙を知ろう！　世界の国々の首脳はどのように選ぶのか ……………… 64

選挙をアクティブに学ぶ　選挙の街ウォッチング ……………… 66

選挙をアクティブに学ぶ　投票所に行ってみよう ……………… 68

選挙をアクティブに学ぶ　模擬選挙① ……………… 70

選挙をアクティブに学ぶ　模擬選挙② ……………… 72

選挙をアクティブに学ぶ　投票率向上の方法を考える ……………… 74

選挙をアクティブに学ぶ　マニフェストを読み解こう ……………… 76

選挙をアクティブに学ぶ　請願をしてみよう ……………… 78

選挙をアクティブに学ぶ　選挙管理委員会とどうつき合うか ……………… 80

4章　主権者教育ワーク ……………… 83

1章
主権者教育の実践に
あたって

主権者教育・市民教育と求められる学び

田中治彦

　2015（平成27）年6月17日，参議院本会議において選挙権年齢を18歳に引き下げる改正公職選挙法が成立した。これにより2016年の参議院選挙から18歳以上の者が投票することが可能になった。今回従来の公民教育ではなく，新たに「主権者教育」の必要性が言われるようになったのは，高校に在学中の18歳から各種選挙に投票できる時代が到来したことが背景にある。そこで，まず18歳選挙権が実現するまでの経緯と，その意義について述べたい。そして，学校教育における主権者教育・市民教育の課題について考えてみたい。

❶　18歳選挙権実現までのいきさつ

　2000年に10代・20代の若者により「NPO法人Rights（ライツ）」が結成された。彼らは，子ども・若者が社会参画・政治参画する仕組みをつくるため，選挙権・被選挙権年齢の引き下げと，政治教育・シティズンシップ教育の充実をめざして活動を始めた。その活動の中心は未成年による模擬投票であった。模擬投票とは，実際の衆議院や参議院選挙，あるいは首長選挙において，中学生や高校生が支持する政党や候補者に投票を行う政治教育プログラムである。この活動は2006年に「模擬選挙推進ネットワーク」に引き継がれた。2013年7月に行われた参議院選挙の時には，1.1万人の中高生が投票に参加している。[1]

　2001年2月に，筆者は朝日新聞の論壇に「「成人年齢18歳」で参加社会に」と題する投稿を行った。[2] 当時，成人式が「荒れる」ことが問題となっていて，筆者は「成人年齢の20歳が人生の区切りにならない年齢であり，これを高校卒業年齢の18歳に引き下げることの必要性」を主張した。しかし，これらの主張や運動にもかかわらず，世論の反応は鈍いものであった。

　18歳選挙権の課題が現実のものとして議論されだしたのは，2006年からである。それは，憲法改正のための手続き法である国民投票法案の審議に当たって，将来，18歳選挙権を実現することを条件に与野党が法案の成立に合意したからである。国民投票法案は2007年に成立し，3年以内に18歳選挙権を実現することが附則に加えられた。

　こうした動きを受けて，民法を審議していた法制審議会は，2009年に「選挙権が

18 歳に引き下げられるならば，民法の成人年齢も引き下げるのが妥当」とする答申を出した。[3] その後，18 歳選挙権の実現を積極的に訴えていた民主党の政権となったにもかかわらず，選挙権年齢の引き下げ問題は店ざらしにされていた。結局，再び自民党・公明党による政権交代が行われ，2014 年 6 月に国民投票法改正案が成立した。その中で，4 年後に 18 歳以上の者が国民投票に参加できることが規定された。こうした経緯を経て，その一年後の 2015 年 6 月に選挙権年齢を 18 歳以上とする公職選挙法改正案が全会一致で成立したのである。

② なぜ，18 歳選挙権か？

それではなぜ選挙権年齢を引き下げる必要があったのだろうか。筆者は，2014 年 5 月 8 日に開かれた衆議院憲法調査会の席上で次の 3 点を主張した。[4] 第 1 は，18 歳の時点ですでに働いて自活している若者が 3 割いるという事実である。18 歳選挙権に反対する議論として，「18 歳は大学生であり自分で稼いでいないし自活していない」という論点がある。しかし，実際には 3 割の若者がこの時点で働いて自活している。彼らを基準に選挙権年齢の問題を考えるべきであろう。第 2 に，若者の政治参加，社会参加を促すことにより日本社会を活性化させることである。18 歳の若者でも，スポーツや芸能の分野ではすでに活躍しており，またインターネットの普及に伴い，ネットのなかでも盛んに発言している。若者は政治の分野での参加が閉ざされていて，この分野での活動を促すことが停滞気味の日本社会に活力をもたらすのではないかという主張である。

第 3 の理由は，全世界では 8 割以上の国が 18 歳以下の選挙権を実現している。欧米社会は 1970 年代には選挙権を 18 歳に引き下げている。その後，途上国でも選挙権の引き下げが続き，現在は 9 割以上の国が 18 歳以下の選挙権である。オーストリアのように 16 歳に引き下げた国もある。国連の子どもの権利条約でも「子ども」の定義は 18 歳未満であり，世界的には成人年齢 18 歳が標準となっている。

他にも，18 歳が高校 3 年生在学の年齢であることによるメリットもある。すなわち，20 歳は大学や専門学校に在学しているか，社会で働いていて，投票行動を呼びかけにくい。高校生であれば選挙管理委員会も投票を促すイベントなどをやりやすいであろう。また，高校生は地元でなじみのある投票所（小学校や公民館）で投票することができる。大学生や社会人は，地元から離れていて，場合によっては住民票も移していないため，投票所に行くまでの敷居が高いことが多い。最初の選挙で投票することが，その後の選挙での投票の習慣化につながることが期待されるので，若者の選挙での投票率の向上が見込まれる。

❸ 選挙権の拡大と教育改革

日本は過去2度，参政権の拡大を経験した。1回目は1925（大正14）年の普通選挙法の成立，2回目は戦後の婦人参政権である（1945年）。選挙権拡大については，その都度大きな教育改革を伴ってきた。普通選挙が実施される前年には，実業補習学校の「公民科」教授要綱が制定されている。そして，青年教育，成人教育を推進するための「社会教育課」が文部省の中に設置された。

戦後の婦人参政権の際の教育改革はより大がかりなものであった。これは占領軍のGHQの指令のもとに行われた教育改革であり，従来の軍国主義教育を一掃し民主主義教育を推進するために，戦前の修身，地理，歴史の教科を排して，あたらしく「社会科」が設置された。社会教育においては，1949年に成立した社会教育法に基づき公民館を始めとした現在の社会教育体制が成立した。公民館などを拠点として青年学級，婦人学級が開始されて，民主主義の啓発が行われた。

すなわち，過去2回の参政権拡大は，戦前・戦後の学校教育・社会教育に大きな影響を及ぼした。今回の18歳選挙権は，その年齢層のほとんどが高校3年生として在学していることに鑑みて，中学校・高校教育を中心に影響を与えると考えられる。

❹ 新しい主権者教育の提唱

現在の学校教育においても主権者を育てる教育が「公民教育」として行われている。それは小学校の社会科に始まり，中学校の社会科（公民的分野），そして高校の「政治経済」「現代社会」などの科目を中心に教えられている。しかしながら，主権者を育てるための「政治教育」については学校現場は及び腰であった。

教育基本法第14条第1項が「良識ある公民として必要な政治的教養は，教育上尊重されなければならない」と政治教育の重要性を謳っている。ところが同条第2項が「法律に定める学校は，特定の政党を支持し，又はこれに反対するための政治教育その他政治活動をしてはならない」と政治的中立を要請していることから，学校の政治教育には必要以上に抑制が働き，その結果主権者を育てる政治教育は十分に行われてこなかった。

従来の公民教育は，それらの科目が受験科目となっていることもあり，知識中心であり実践的な力を伴っていない。例えば，三権分立というような民主主義のしくみについての知識はもっていても，身近な生徒会の運営には無関心である，というように知識と態度が分離している。すなわち，選挙の意義や重要性を理解させたり，社会や政治に対する判断力，主権者としての意欲や態度を身につけさせることに力点が置かれてこなかった。「政治的中立性」の要請は現場では過剰に受容されて，政治的テー

マ自体を取り扱うことが避けられる傾向にあった。

　一方で，教科を離れた活動としては「公共への奉仕」としてボランティア活動が奨励されてきた。例えば，東京都の公立高校では「奉仕活動」が義務化されている。ボランティア活動においては，奉仕精神の涵養といった態度面が強調されてはいても，福祉や地域問題の現状に関する知識とは隔離されていて，現実の福祉問題・地域問題を改善するような社会参加にはつながっていない。

　そこでこれらの問題点を克服し，実践的な社会参加能力と政治的リテラシーを高める教育として「主権者教育」が提唱された。総務省に設置された「常時啓発事業のあり方等研究会」の最終報告書においては，「現代に求められる新しい主権者像として，『国や社会の問題を自分の問題として捉え，自ら考え，自ら判断し，行動していく主権者』」が掲げられている。[5] そして，主権者教育の具体策として，『社会参加の促進』や『政治的リテラシーの向上』が求められおり，その一環として，「参加型学習」の必要性が提案されている。報告書において，新しい主権者教育のキーワードは「社会参加」と「政治的リテラシー（政治的判断力や批判力）」である。主権者としての資質・能力を高めるためには，知識を習得するだけでなく，実際に社会の諸活動に参加し体験することで，社会の一員としての自覚を増大させることである，としている。そして，政治的・社会的に対立している問題について判断をし，意思決定をしていく資質を育てるために，情報を収集し，的確に読み解き，考察し，判断する訓練が必要である，と述べられている。

　報告書では欧米において 1990 年代より広く展開されてきた市民教育（シティズンシップ教育）の事例が紹介されている。その中でもイギリスの市民教育に特に注目している。イギリスでは 1998 年に政治学者のバーナード・クリックらが中心となって，シティズンシップ教育に関する政策文書「クリック・レポート」が発表された[6]。これに基づき，ナショナル・カリキュラムの中に「シティズンシップ（市民科）」という教科が設定されて，2002 年から中等教育段階で必修となった。報告書が提唱する主権者教育は，イギリスなど欧米で実践されてきた市民教育がひとつのモデルとなっている。

❺ 主権者教育・市民教育の進め方

　以上のように，新しい主権者教育・市民教育においては，従来の公民教育のような知識中心の学習ではなく，社会参加・政治参加のためのスキルと態度を同時に学ぶことができて，個別具体的な課題にも対応できるような学習が求められる。こうした前提のもとに，今後に期待される主権者教育・市民教育についていくつかの原則を考えてみよう。

第一に，現在の中学，高校教育においては進学の問題，すなわち受験という関門があるために実際の社会とは切り離された知識中心の教育が行われている。一部キャリア教育では職場体験などが導入されているが，その他にも実際の地域や社会の人々とさまざまな場面で触れることができるような教育活動が求められる。その一例としてアクション・リサーチがある。（図1）[7] 実際に地域を回って，さまざまな人と出会い，その中から地域課題を発見し，その解決策を考え提言するような参加型で実際的な学習である。従来の調べ学習と違う点は，その解決策を実際に関係先に提案して，実施を促すことである。これにより，社会参加の力（効力感）と意欲（大人社会との信頼）を高めることができる。

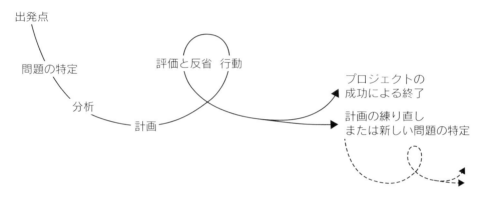

図4-1　アクションリサーチのプロセス
出所：ロジャーハート『子どもの参画』萌文社，91ページ

　第二に，2008年のリーマン・ショックで若者の就職が急に厳しくなったように，現代社会に住む私たちはグローバリゼーションの波に否応なくさらされている。世界の経済や地球温暖化のようなグローバルな課題が自分たちとどのように関係しているのか，を把握できるような教育もまた必要である。参加型の学習としては，開発教育，グローバル教育，ESD（持続可能な開発のための教育）といった分野の実践の中に多くのヒントがある。
　そのための優れた教材が開発教育の分野ですでに製作されてきた。（表1）例えば『市民学習実践ハンドブック』（開発教育協会，2009年）には30の参加型学習の事例が挙がっている。また，世界の現実を考えるための『ワークショップ版・世界がもし100人の村だったら』（同，2003年）や国際協力を考え直すための『「援助」する前に考えよう』（同，2006年）などの参加体験型の教材が発行されている。ロールプレイ，シミュレーションなどの参加型の手法を使用して市民的実践力を身につけさせる教材である。本書においても参加体験型の教材や実践が第2章以降に紹介されている。また，18歳選挙権の実施をにらんで2015年11月に総務省および文部

表1　グローバルな市民教育に関する参加型学習教材一覧（開発教育協会刊）

『新・貿易ゲーム ― 経済のグローバル化を考える』2001 年

『パーム油のはなし ―「地球にやさしい」ってなんだろう？』2002 年

『Talk for Peace! もっと話そう ― 平和を築くために私たちができること』2003 年

『世界がもし 100 人の村だったら ― ワークショップ版』2003 年

『コーヒーカップの向こう側 ― 貿易が貧困をつくる？！』2005 年

『「援助」する前に考えよう ― 参加型開発と PLA がわかる本』2006 年

『市民学習実践ハンドブック ― 教室と世界をつなぐ参加型学習 30』2009 年

『写真で学ぼう！地球の食卓 ― 学習プラン 10』2010 年

『世界と私と未来をつなぐ授業づくりガイド ― 開発教育・ESD を教室へ』2011 年

『もっと話そう！エネルギーと原発のこと ― 参加型で学び合うための 16 の方法』2012 年

『日本と世界の水事情「水から広がる学び」アクティビティ 20』2014 年

『18 歳選挙権と市民教育ハンドブック』2016 年

科学省から発行された『私たちが拓く日本の未来』にも参加型の主権者教育教材が収録されている。[8]

　第三に，中学高校の時代は子どもから大人へと移行し，自分の将来について考える時期である。自分の近未来を見据えながら，自己の生き方を考えられるような教育が必要である。それは職業選択のみでなく，現実社会と未来展望のなかで自分の価値観をより明確にし，社会参加を促すような教育が求められる。要は，社会や世界の課題を「自分事」として捉えられるようになることが大切である。

　これからの主権者を育成する教育には，狭い意味の政治的知識のみの公民教育ではなく，グローバルな視野をもった参加体験型の市民教育が求められるのである。

❻ 主権者教育・市民教育の留意点

　最後に新しい主権者教育・市民教育を実践するに当たっての留意点を 2 点挙げておこう。まずこの教育は，民主主義の基本として自分の意見を表明するとともに，他人の意見を尊重できる市民の育成をめざしている。ところが同時に，議論の場には権力関係や個人の性格の違いがあり，発言できない「弱い」立場に置かれた人が必ず存在することを常に意識しておく必要がある。発言をしないからといってその人に意見がないわけではない。「声なき声」に耳を傾け，多様な意見を引き出すための手法として前記のような参加型学習を展開することが有効である。

　次に，グローバル化社会のなかで，外国籍の子どもも含めた市民教育を考えておく必要がある。総務省統計局によれば日本の人口は 1 億 2708 万（2014 年 10 月 1

日現在）である。この統計には 165 万人の在住外国人が含まれている。主権者教育として選挙に投票できる日本国籍の日本人を念頭において選挙についての学習活動を行うことにより，教室にいる外国籍の子どもたちを「排除」してしまう危険性がある。日本に在住する限り，日本人であろうと外国人であろうと日本国憲法を遵守する義務があり，その代わりに日本国憲法によって守られる権利がある。例えば，日本国憲法では，請願権は「国民」が主語ではなく「何人」が主語になっている。児童や生徒が主権者として，地域のさまざまな課題をアクション・リサーチして地方議会に請願することは在住外国人でもできることである。このように，国籍に関わらず地域，国，世界の課題に関心をもち，その課題解決に向けて参加できる人を育てることがグローバルな視野に立った主権者教育・市民教育のねらいであるべきであろう。[8]

1) 『未来を拓く模擬選挙』編集委員会編（2013）『実践シティズンシップ教育　未来を拓く模擬選挙』悠光堂

2) 田中治彦「論壇・「成人年齢 18 歳」で参加社会に」『朝日新聞』2001 年 2 月 14 日，15 面

3) 「民法の成年年齢の引下げについての最終報告書」法務省法制審議会民法成年年齢部会，2009 年 10 月 28 日

4) 『第百八十六国会衆議院　憲法審査会議録第五号』2014 年 5 月 8 日，2-3 ページ

5) 「常時啓発事業のあり方等研究会・最終報告書」総務省，2011 年 12 月

6) バーナード・クリック（他）（2012）『社会を変える教育―英国のシティズンシップ教育とクリック・レポートから』キーステージ 21

7) ロジャー・ハート著，田中治彦（他）監修（2000）『子どもの参画―コミュニティづくりと身近な環境ケアへの参画のための理論と実際』萌文社，90-106 ページ

8) 総務省・文部科学省（2015）『私たちが拓く日本の未来』（文科省・総務省ウェブサイト，教師版と生徒版がある）

9) 本稿は『18 歳選挙権と市民教育ハンドブック』（開発教育協会，2016 年）所収の拙稿「18 歳選挙権と市民教育の課題」に大幅加筆したものである。

18歳選挙をめぐる社会

城島　徹

　日本は超高齢化と若者の投票率の停滞により，票になる高齢者を政治家が厚遇する「シルバー民主主義」から抜け出せなくなっている。選挙が目前に迫れば政治家はどうしても人気取りに走り，"大票田"の高齢者に対する医療，年金などの社会保障費の給付を手厚くしようとする。一方で"小票田"の若者を冷遇したままでは，その傾向は止められない。選挙権年齢を「20歳以上」から「18歳以上」に引き下げる70年ぶりの公職選挙法改正はこうした悪循環を断ち切るきっかけになると期待されている。このチャンスを生かし，若者を政治に近づけさせるには「主権者教育」を学校現場でいかに充実させるかがポイントとなる。

1　世代間格差の解消めざし

　選挙権年齢を「20歳以上」から「18歳以上」に引き下げる改正公職選挙法が2015年6月17日，参院本会議で全会一致で可決，成立した。国政選挙では16年夏の参院選（7月25日任期満了）から，約240万人の18，19歳が新たに有権者となり投票可能となる。参政権の拡大は終戦直後の1945年に「20歳以上の男女」と決まって以来，70年ぶりの改定だ。

　若者の低投票率は深刻な問題だ。総務省の抽出調査によると，14年12月の総選挙の投票率は戦後最低の52・66％で，20代はわずか32・58％と60代の68・

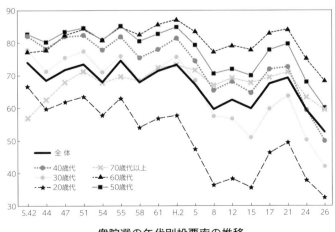

衆院選の年代別投票率の推移

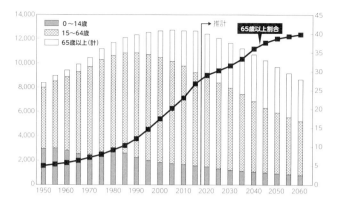

高齢化率

28％の半分に満たない。ベトナム反戦運動のほか，新左翼が加わる反政府運動の様相も見せた成田空港建設反対闘争の影響下にあった1967年（昭和42年）1月の総選挙は20代が66・69％，60代が77・08％で，約半世紀後の14年総選挙と比べてみると60代が8・8ポイントしか下がっていないのに，20代は34・11ポイントも低下している。

安保闘争（60年）はじめ，全共闘運動など政治が熱く語られ，東西イデオロギー対立の冷戦が続き，日本が高度経済成長に沸く一方で，シラケ，新人類などと若者が呼ばれた昭和から平成の世を通し，若い世代の政治参加は低迷を続けてきた。中選挙区制に代わり小選挙区比例代表並立制が導入された96年10月の総選挙は組織票がなければ勝算が見込めないこともあって投票意欲が失われて投票率が落ち込み，その後の投票率をますます低下させていった。

超高齢社会を迎えた日本は1000兆円を超えた国の借金を背負っており，その返済を支える世代が政治から遠い場所に置かれている矛盾は一刻も早く解消しなければならない。2016年夏の参院選で新たに有権者となる18，19歳の約240万人は全有権者の2％程度だが，高校生も3年生の一部が政党や候補者の適否を考慮し，投票できるわけで，政党もこれまで以上に若い世代を意識した政策の立案や支持を訴えなければならない。日本の政治がドラスティックに変わるかどうか。それは大人が若い世代の政治参加に向けて環境整備に本腰を入れるかどうかにかかっているのだ。

❷ 18歳選挙権は世界の流れ

選挙権年齢を海外諸国・地域と比較してみると，世界191カ国・地域のうち約9割で選挙権年齢を「18歳以上」の若者に認めている（2014年の国立国会図書館調

べ)。「18歳選挙権」は世界的趨勢であることは間違いなく、すでに国際標準と言えるだろう。

ちなみに、日本、アメリカ、イギリス、フランス、ドイツ、イタリア、カナダ、ロシアの主要7カ国（G7）でも日本を除きすべて選挙権は18歳だ。また、いわゆる「先進国」と呼ばれる34カ国で構成される経済協力開発機構（OECD）で18歳までに選挙権を与えていない国は日本と韓国だけだった。

ケニアの大統領選投票風景

一方、独裁国家や専制国家が多いアフリカ・中東では20歳以上にしか与えていない国が一部あるが、筆者がアフリカ特派員として現地で選挙取材した国のうちガンビア、ケニア、シエラレオネ、ジンバブエ、ルワンダは内戦や弾圧で政情不安を抱えながらも18歳選挙権を認めていた。

そういう意味で日本の追随は遅れたとはいえ歓迎すべきことで、さらに次の課題として「被選挙権」の引き下げも現実味を帯びてくれば、政治的関心は大いに上向く。現在、日本の国会議員の立候補資格は衆議院が25歳、参議院が都道府県知事と同じ30歳と規定されている。海外では18歳の被選挙権を与えている国が50カ国以上に及び、高校生の地方議員も存在しており、ノルウェーでは国会議員に高校生が当選したケースもある。

ヨーロッパを中心に、投票する側、立候補する側の双方とも若い世代が政治参加する流れが確実に進んでいるだけに、若者を政治から遠ざけてきた日本社会も発想を切り替える時期を迎えている。

❸ 「政治的中立」の波紋

主権者教育はつまるところ民主主義とは何かを学ぶことに他ならない。ならば「政治的中立」を「政治的意見を持たないこと」などと誤解せず、「多様な意見」を交わすことによって、自分の意見と異なる意見にも耳を傾ける作法を身につけることが大切だ。

会話を通した合意形成こそが民主主義の基本となる。児童、生徒が討論や模擬投票の活動で有権者の意識を実感することが大切で、当たり障りのない問題だけの模擬投票では政治へのリアリティを実感できず、若者の投票意欲も高まらない。選挙権がある以上、生の政治を扱うのは当然のことだ。

ところが、2015年6月と7月、主権者教育にかかわってきた教師ら関係者を落胆させ、現場を当惑させる出来事があった。

山口県の県立柳井高校が6月に安保関連法案をテーマに模擬投票した授業につい

て7月の県議会で「政治的中立」に疑いを抱いた自民党議員に追及され，教育長が陳謝したのだ。授業は2年生の現代社会で，朝日新聞と日本経済新聞の記事をテキストに，32人が8班のグループで賛成，反対に分かれて議論し，どの主張に「説得力」があったかを投票した。法案の是非

政治経済の模擬授業「政党を作ろう」で政策論争を試みる生徒＝県立千葉高校で2012年

を問う実践ではなく，取材した記者たちが紙面でも好意的に紹介していた。それだけに，「授業の本質とは異なる点にクレームがついた」「政治参加の意識の芽を摘み取るもの」「主権者教育の趣旨を理解していない議員の批判を教育長が肯定してしまった」との批判が渦巻いた。

さらに，自民党文部科学部会が同月，教職員の「政治的中立」を確保するため，教員の政治活動を制限し，違反した場合には罰則を科すよう求める提言を安倍晋三首相に提出した。政治的リテラシー（知識や判断能力）を育てる発想とは対極の動きだけに，「罰則を科すことで学校現場が萎縮すれば，結果的に若者を生の政治から遠ざけてしまう」「現実の問題を考えず，言われたことをうのみにする若者を生み出したいのか」などの批判が噴出した。

教育基本法は「学校は特定の政党を支持したり反対したりするための政治教育や政治的な活動をしてはならない」と定めているが，教師が特定政党や候補者の姿勢，公約について是非の判断を示すとか，論調が割れたテーマについて一方的な資料を用意するなど，不偏不党の立場を逸脱するようなことさえしなければ，有権者意識を育む参加型の実践は大いに取り組むべきだ。

④ 現場対応のヒント

ちなみに模擬投票を2010年の参院選から全県立高校で体験学習として行っている神奈川県教育委員会は「政党や候補者の公約について教諭の価値判断を含めたコメントはしない」「教諭からは資料を提示せず，生徒に新聞報道などを集めさせる」などの注意事項を列挙した教員向け指針を設けている。

政治的中立性の問題に関し，争点性のあるテーマに授業ではどの程度取り組めるだろうか。毎日新聞社などが15年夏に主催した「主権者教育とNIE」をテーマにしたパネルディスカッションで，岸尾祐二・聖心女子学院初等科教諭は主権者教育に長年

取り組んできた経験から「選挙について話す時は一貫して，政治的な発言はしない，というのは，子どもが学ぶことを中心に考えたいからだ。学ぶ姿勢を身につけないと，いろんなことを考えることができないわけで，できるだけ多くの資料を提供する。スマートフォンやタブレットで子どもが調べるのならば，多様なメディアに触れる習慣を付けさせるなど，学び方を教えることが必要だ」と話した。

パネルディスカッションの岸尾祐二教諭
（右から2人目）と藤井剛教授（右側）

　また，千葉の県立高校で模擬投票など生徒参加型の授業を重ねてきた藤井剛・明治大学文学部特任教授は「基本的には教員が特定の政党支持を表明したり，投票を指導したりしてはいけない。だからA説とB説を紹介する。具体的には自衛隊については違憲説，合憲説をきちんと教える。そうでなければ生徒に調べさせる。アクティブ・ラーニングの手法と絡んでくるが，たとえば新聞を使ってA説，B説，C説を調べることによって，考え方を学ぶのが一つの手法だ」と応じた。

　それでも，山口県立高校が巻き込まれたような事態は今後も起こりうる。現実的に現場が教育委員会から実践の妥当性を細かくチェックされないためにはリスク回避の工夫が求められる。必要となれば，論調の異なる複数紙を3紙，4紙と活用することが考えられそうだ。あるいは発想を変え，安全保障や原発再稼働など論調が割れる問題より，授業料の値上げやテスト期間，学校統廃合など身近なテーマで実践することを検討してみても良いだろう。

　主権者意識を持つためには義務教育段階から必要な政治的教養や知識を身につけることに加え，グループ討論やディベート，生徒会活動に取り組むことが有効だ。東京都豊島区立明豊中学では校長が定期考査の日程を2日間か3日間かで生徒たちに投票するよう呼び掛けた。生徒会が選挙管理委員会の役割を担い，校長室で投票し，多数派の3日に決まり，生徒が参政権を感じる試みとなったという。このように身近なテーマに関心を持つことも重要だ。

❺ 認められる政治活動

　文部科学省は2015年10月，高校生の政治活動を禁じた1969年の通知を廃止し，校外での政治活動を認める新たな通知を出した。通知は各都道府県教委を通じ，学校現場へと伝わっているはずだが，現実は先行し，デモや集会に参加する高校生の

姿はすでに珍しくない。そもそも 69 年通知は，大学紛争の影響を受けた高校で授業の障害が生じたため，高校生の政治活動を学校の内外問わず「望ましくない」と指摘した。その根拠は選挙権がないことだったが，選挙権年齢が「18 歳以上」に引き下げられて旧通知の根拠がなくなった。

　新たな通知は大きく二つのことを求めている。一つは，学校の授業で現実の政治的事象を取り上げること。もう一つは，政治的中立への配慮だ。

　新通知は「政治活動」を「特定の政治上の主義若しくは施策又は特定の政党や政党的団体等を支持し，又はこれに反対することを目的に行われる行為であって，その効果が特定の政治上の主義等の実現又は特定の政党等の活動に対する援助，助長，促進又は圧迫，干渉になるような行為をすること」と記した。

　その上で，「校内」での活動は，政治的中立性確保のため，放課後や休日も含め「教育を円滑に実施する上で支障が生じないよう制限または禁止が必要」と歯止めをかけたが，放課後や休日の「校外」での活動を「家庭の理解の下，生徒が判断して行う」と容認した。選挙権を与えた有権者に対し，活動を縛ること自体が矛盾してしまうからだ。

　主権者教育については，現実の政治問題を素材にした実践的な指導が重要と明記し，「慎重に取り扱う」としていた 69 年通知から大きく転換した。ただ，教員の指導が特定の政策や政党を支持したり反対したりすることにならないよう「留意する」と，政治的に中立であることを繰り返し強調しているせいか，アクセルとブレーキを同時に踏むよう求められているような印象も受ける。

　愛媛県立の全 59 高校（特別支援学校などを含む）が 2016 年度から校則を変更し，校外での政治活動に参加する生徒に学校への届け出を義務づける制度を一斉に導入した。届け出制への改定例を示すなど，県教委の誘導的な姿勢に対し，「若者の政治参加を促そうという流れに逆行し，生徒を萎縮させる」などの抗議が相次いでいる。他の都道府県教委の中には届け出制について「生徒の思想信条の自由は尊重されるべき」として導入に慎重姿勢を示すケースもあるという。

　若い世代の投票を呼び掛ける学生団体「ivote」メンバーの学生が主権者教育をテーマにしたパネルディスカッションでこう報告していた。

　《スウェーデンと日本の最近の若者の投票率の比較を聞いた。（2014 年の国政選挙で）スウェーデンの投票率は全体が 85 ％で，（29 歳以下の）若い世代が 4 ポイント差の 81・3 ％もあるのに，日本は全体が 52・7 ％に対し 20 代が 32・6 ％と差がある。個人の意見で政治の決定を動かせるかどうかという質問に対し，日本は「動かせる」が少なく，逆にスウェーデンは「動かせる」が多かった。これは教育の差で，スウェーデンの小学校の教科書は「自分の意見を持とう」「オピニオンリーダーになろう」と呼びかけ，署名活動，新聞への投書，デモを起こす，政治家に直接連絡をす

る──と書いているという》

　この比較研究について，専門家は学生に「中立性にとらわれすぎて政治に近づかないのはおかしいし，政治教育が行われていれば，教師が意見を言っても，（児童・生徒は）見極められる」と説明したという。

❺ 背景に改憲の思惑

　山口県議会の出来事や自民党部会の提言など，授業の妥当性をことこまかに問い詰めるような動きがどうして続くのか。旧来の発想に縛られ，生の政治に関心を持つことへの過剰な警戒心がうかがえる。こうした監視と規制の姿勢では，現実の政治世界に関心を向けようという生徒の主体性を摘み取ってしまいかねない。

国会前で安保関連法案に反対の声をあげる人たち
＝2015年7月10日

　実は今回の18歳選挙権がすんなりと実現したのは純粋な権利拡大の声を受け止めたためとは言えない事情がある。もともと選挙権年齢の引き下げに自民党内部には根強い慎重論があったが，憲法改正に意欲的な安倍晋三首相は引き下げを含む改正絡みの法整備に積極的な姿勢を見せた。憲法改正の是非を問う国民投票について，第一次安倍内閣時代の2007年，日本国憲法の改正手続に関する法律（国民投票法）が施行され，2014年6月の法改正で国民投票への参加年齢が18歳以上となったのも首相の積極姿勢を反映し，通常の選挙権年齢との整合性を図る必要があったからだ。

　同時に官邸サイドには18歳，19歳から安倍政権への共感を得やすいとの感触や読みがあったとも言われる。改憲を狙う首相サイドに若者の「青田買い」の思惑があったとの見立てだ。その後，憲法解釈の変更によって安保関連法案を成立させたことから，学生団体SEALDs（シールズ）など若い世代から年配者まで国民の広範な反発を招いたことで情勢は微妙に変化している。

　この経緯について，メディア史が専門の佐藤卓己・京都大教授が毎日新聞「メディアと政治」欄（2015年1月14日付）でこう指摘している。

《今回の公職選挙法改正は「若者の保守化」仮説を信じる安倍晋三政権によって実

現された》《ことの発端は 14 年 6 月に憲法改正国民投票法で投票権が 18 歳以上と決まったことである》

その流れを踏まえ，安倍晋三首相は夏の参院選と同時に衆院選を行う衆参同日選にも執念を示した。結局断念したが，状況次第では改憲へ前進すると考えたのだろう。

安部首相は 16 年の年頭記者会見で，夏の参院選で憲法改正を訴えると発言したのに続き，NHK 番組で自民，公明両党に加え，おおさか維新の会など一部野党も含めた改憲勢力で憲法改正の国会発議に必要な参院の 3 分の 2 議席を目指す考えを表明した。

安部首相のブレーンには，情動をあおり，世の中のムードを作りだすことに長けた経済，言論，芸能の各界関係者がいると言われており，若手世代に北朝鮮の脅威を強調し，「私たちとともに美しい日本を守ろう」と呼びかける選挙戦を展開する可能性もある。

フェイスブックやツイッターなどのソーシャルメディアを駆使する若年世代は新聞を丹念に読み，思索を深めるような習慣はあまりない。日本新聞協会が 16 年 1 月 15 日に開催した「イマドキの大学生×新聞〜大学生が新聞を考える〜」プレゼンテーション大会で，ある学生が情報入手に関して「大学生は SNS 中心の生活で，友人や家族の情報でおなかがいっぱいになっている。自分たちのコミュニティ以外を広げなくてはいけない」と発言したように，政治意識の欠如は否めない。

日本の将来を左右する重要な選択を試される機会となる 16 年夏の参院選に向け，18 歳，19 歳の投票行動が注目されるなか，彼らデジタルネイティブ世代に人気のあるタレントに目をつける政党の動きも活発化した。一方で，改憲や原発再稼働に前のめりの現政権に否定的な村上春樹，坂本龍一，宮崎駿の各氏ら世界的に知名度のある文化人の発信力が，2 極化した言論空間に埋没気味だ。240 万人の新たな有権者は各政党，候補者の主張をどう吟味し，判断するのか，いきなり困難な判断に立ち向かうことになりそうだ。

❻ 政治参加への環境整備

18 歳選挙権を生かし，国民に定着させていくために主権者教育の充実が不可欠だ。グローバル化が進み，教育のあり方も「アクティブ・ラーニング」（自ら課題を見いだし，意見を交わし，解決していくような能動的な学習）という言葉が象徴するように，単に正解を求めて知識を詰め込む学習から，現実社会の難しい問題を解決するために主体的な学びへと踏み出している。

自分と異なる意見も尊重し，議論を通じて考えを深めることは民主主義のルールを学ぶことでもある。これまでの教育にはこうした視点が乏しかった。教育現場で政治

を論じ合うことを許容する社会的な合意形成が不可欠だ。

2015年7月，毎日新聞東京本社で行われたシンポジウム「18歳選挙権の開く未来」で，東京都世田谷区の保坂展人区長は「世田谷区の場合，これまで若者に対応するセクションがなかった。このため，若者支援担当課をつくり，中学生や高校生が学校外サークル活動をするために集まれる場をつくるなどしている。子育て世代や高齢者の声に比べ，若者については声を聞く意識が低かった。そこを受け止めていきたい」と語った。その施策には保坂区長自身の体験が投影しているように感じる。

シンポジウム「18歳選挙権の開く未来」で語る保坂展人・世田谷区長＝毎日新聞社で

パネルディスカッションで「高校生が，現実に起きている政治を語ってはいけないと言うこと自体が時代遅れ」「主権者教育は小学校や中学校から取り組んだ方がいい」とも語った区長の半生を振り返ってみよう。

中学生だった保坂さんはベトナム反戦デモを見に行って補導された。学園紛争が盛りの1970年ごろで，校内で政治問題を取りあげた新聞を発行したところ，学校側は校則違反と見なし，内申書でその内容を記され，高校進学の道を断たれた。72年，不利益な内容を内申書に記載されたとして東京都などを相手に「内申書裁判」を起こし，東京地裁で勝訴したが，82年の東京高裁判決で逆転敗訴となった。

その後，教育ジャーナリストとなり，子どもの現場を幅広く取材し，90年代には衆院議員となり，文部省（当時）担当記者だった筆者に彼は「18歳選挙権が必要だ」と力説していた。区長として導入した独自の若者支援策も「未来を担う世代を応援したい」という考えに基づいたものだろう。

ある高校教師経験者は「主権者教育を始める最終ラインは中3」と強調する。義務教育段階で身近な暮らしに密接なルールなどから社会に参画する意識をはぐくむことが大切との思いからだ。

「18歳選挙権」が成立した15年夏の東京で，19歳の女子大生が2カ月間，区議会議員のインターンシップを体験した。安保法案をめぐり与野党の議論が最高潮となった時期で，街頭演説，ビラ配り，施設訪問などを通し，その感想文をこう書いている。

《ビラ配りを通じて一番に感じたことは，通勤，通学する人々の政治的関心の低さだった。ビラを受け取ってくれる数少ない人も年齢層は高めだった。学生団体SEALDsなどが注目を集める一方で自分たちの生活に一番に直結する区政についてはやはり関心度が薄いのだ》

改正公選法施行後初の国政選挙が16年夏の参院選で，その後，地方の首長・議員選挙にも順次適用される。私たちは日常的に政治を身近な存在にしておかなければな

らない。だからこそ，子どものころから生の政治を体感し，頭で考えることのできる環境を整えていなければならないのだ。

７ 副教材の活用

政府は2015年９月，投票や選挙運動などの基本的な仕組みや注意点を説明した副教材を文部科学省と総務省のホームページで公表し，年内に約350万人の全高校生に行きわたるよう関係先に配布した。エネルギー問題や福祉政策など実際の政治テーマを教育現場で取り上げ，若者同士が論じることで政治や選挙への関心を高めていくような取り組みを期待したい。

この副教材と教員向けの指導資料は文部科学省が総務省と作成し，討論や模擬選挙など実践的な授業方法を紹介しており，主権者教育で実績のある教師らが「選挙に関心を持つきっかけとなるガイドを」と分担執筆して短期間に仕上げた。

副教材
「私たちが拓く日本の未来」

高校生向けの約100ページにわたる副教材はイラストや写真が使われ，①有権者になることの意味や選挙の仕組み，政党の役割などを説明する「解説編」，②模擬選挙や模擬議会の仕方などを紹介する「実践編」，③公職選挙法の規定などＱ＆Ａ主体にまとめた「参考編」で構成されている。副教材の執筆陣は「生の政治が大切だ」という共通認識で作成にかかっており，現実の政治課題に関心を持たせるための実践ガイドとなっている。

もっとも，教員向けの指導資料では政治的中立性を確保するための留意点も細かく列挙している。たとえば，政治的に対立する見解がある現実の課題について「一つの結論を出すよりも，結論に至るまでの冷静で理性的な議論の過程が大切であることを理解させる」▽国会などで法律案が審議されているような課題を取りあげる際は「一つの主張に誘導することを避け，（中略）対立する見解を複数の新聞や国会の議事録を用いて紹介して偏った取り扱いとならないようにする」▽教師が多様な見解のうち一例を提示する際には「個人的な好悪などに基づいたものであると誤解が生じないようにする」──など詳細に指導上の留意点を示した。ただ，「政治的中立」を過剰に意識して具体的な政策の議論を避けてしまえば，本末転倒となってしまうことは指摘しなければならない。

副教材について，毎日新聞の社説（15年９月30日付）は「生徒向けに『サマータイム』を例に討論の実施例を説明するなど，選挙の仕組みなどの知識にとどまらず，

選挙への関心や複眼的な思考を養おうとする姿勢が全体的に感じられる。政策討論や，政党・候補名をあげた模擬選挙にはこれまで多くの学校長や教育委員会が腰が引けていただけに，前進だ」と評価している。

　その一方で，「教員用の資料では政治的中立の維持に多くの分量が割かれた。現実の政治課題をめぐり生徒が討論した場合，教員が特定の見解を『自分の考え』として述べることは避けるよう求めている。教員が主権者教育にあたり特定の政党や候補を支援したり，個別テーマで生徒に一方的に意見を押しつけたりすることは中立性を損なう。ただ，教員に政策の中身に関する論評まで認めない風潮が広がると『偏向教育』との批判をおそれ，多くの学校が討論などの活動を手控えてしまう懸念がある。自民党には政治的中立の維持を厳格化するため教員への罰則強化を求める議論もあるが，過剰に規制すべきではあるまい」と懸念を示した。

　肝心なのは，せっかく作られた副教材をいかに有効に活用するかだ。こうした授業に慣れていない教師だと，この副教材に沿って模擬議会や模擬請願をするのはそれほど容易ではないだろう。この副教材をさらにかみくだき，政党のマニフェスト要約を掲載したワークシート「18歳選挙権に向けて」（清水書院）が作られており，千葉の県立高校で模擬投票や討論を長年実践し，これの作成にも携わった藤井剛・明治大学文学部特任教授が各地の高校でモデル授業を試みている（25ページ参照）。

❽ 主権者教育に新聞活用を

　身の回りの暮らしにつながる政治から安全保障や原発再稼働問題まで幅広い政治問題に関心を持つためには，社会の「今」を伝える新聞の活用を推奨したい。大学生向けに新聞を使ったワークショップを2例紹介したい。

《教員養成課程でのワークショップ》

　小学生が新聞を使って選挙など政治を学ぶ聖心女子学院初等科（東京都港区）の岸尾祐二教諭の実践「18歳選挙権への始めの一歩」を紹介した記事（35ページ参照）をテキストに，2015年10月22日，

意見交換する甲南女子大の学生

甲南女子大学（神戸市東灘区）の人間科学部総合子ども学科の教員志望学生にワークショップを行った。

「主権者教育は高校で始めるより，義務教育段階でも選挙など基礎的な政治学習は必要だ」。そう考える岸尾教諭の実践を伝えた毎日新聞朝刊（2015年6月16日付，東京本社発行紙面）の記事コピーを配布した。「国会」（5時間）を教える社会科の授業が衆院選（14年12月）と時期が重なったことから「民主主義に不可欠な選挙の仕組みを理解し，政治に関心を持つように」と，新聞各紙の衆院選序盤戦の世論調査結果や特集記事を効果的に使った授業を紹介したものだ。

学生たちは3～4人のグループで記事の感想について意見交換し，最後に3人の学生がプレゼンテーションした。

小学校教師志望の2年生は「ふつう小学生は教科書と資料集を使って社会科を勉強すると思うが，新聞記事が教材になることを知った。教科書は国会や裁判所の仕組みや重要な単語を学べるが，最近のトピックは載っていない。選挙で街にポスターが掲示され，選挙カーが走っていることによる『気付き』から『主体的な学び』につながる岸尾先生の授業は子供たちが身近に政治を感じられる」と話した。

大阪府の小学校教師となる4年生は「身近な素材をたくさん取り入れた授業をしたいので，岸尾教諭の実践は私の理想とする授業だと思った。新聞記事を利用することで子供たちの生活に政治が大きく関わっていることを知ることができる」と語った。

大学院に進学予定の4年生は「これから小学校の教育現場は50代，60代が引退して若い世代が入っていくが，私も含め政治に興味を持たなければ教えられない。選挙権が18歳に下がっても興味を持てる人が少ないので，まず自分自身が新聞を読む機会を増やし，政治への関心を高めたい」と話した。

ワークショップに立ち会った石渡正志学科長（教授）は「教職を目指す学生が授業で新聞を活用するスキルを身につければ，これからの教育を切り開く大きな力となるだろう」と感想を語った。

《「VOTE18」紙面の活用》

主権者教育を意識した毎日新聞

テキストに使った毎日新聞紙面
「vote18」選挙に行こう」

の日曜のくらしナビ面「vote18　選挙に行こう」の記事をテキストに，明治大学基礎マスコミ研究室の2年生約20人がワークショップを試みた。国の将来を左右する重要なテーマを議論した学生は「情報を読み解く力を高め，自分の考えをしっかり伝えるようになりたい」と話した。

　使用したのは2015年11月8日朝刊の安全保障関連法（安保法）を取りあげた記事。「国民の平和と安全を守る法律だ」「日本が戦争に参加するようになる」など賛否が交錯し，国民の理解が十分得られないまま成立した安保法について，政治部デスクが解説し，「抑止力になる」（賛成），「戦争に巻き込まれる」（反対）など双方の主張や根拠を紹介している。

　学生はまず記事の要旨と感想を書いて論点を整理し，4人ずつのグループで就職採用試験の面接を意識した「ですます調」で意見交換した。

　「安保法案は抑止力が高まるから認めた方がいいという意見があるが，70年間戦争をせずにこられた国として認めるべきではない」「反対派も周りの意見に流されている面があるのではないか」「（安保法が行使を認める）集団的自衛権で中国や北朝鮮の脅威への抑止力を意識するなど賛成意見でも納得できる部分はある」「安保法を戦争法と感じる人が多いのは，政府が分かりやすく説明しなかったからだ」

　「実際に戦地へ行く自衛隊員の意見が反映されていない。自衛隊員の気持ちを想像すべきだ」「憲法は国民がこの範囲で政治をするよう公の権力を縛るもので，それを勝手な解釈で変えてしまうのは恣意的だ」

　こうした意見を交わした学生たちは終了後，「これからは社会に目を向けなければいけないと痛感した」と話していた。

　大学に限らず，外交や社会保障など国民の重要課題について語り合う知的トレーニングはもっと増やすべきで，そのために新聞は有効なテキストとなるはずだ。

《スマホで記事を読む》

　スマートフォン（スマホ）やタブレット端末で新聞紙面をそのまま読める「紙面ビューアー」を使った授業を2016年4月7日，新渡戸文化短期大学（東京都中野区）で試みた。子どものころからインターネットを当たり前のように使いこなすデジタルネイティブ世代が身近な問題に関心と理解を深め，政治参加の意識を高めることが目的だ。

　毎日新聞との提携講座「日本文化と国際理解」の第1回授業で，まず毎日新聞デジタルメディア局の担当者から受講生約60人が「デジタル毎日」のガイダンスを受け，手元のスマホを操作しながら，毎日新聞を紙面イメージ通り見られる

スマホで新聞に触れる学生たち

「紙面ビューアー」のアプリをインストールした。大学生にとってスマホの扱いは慣れたもので，初めて見る電子新聞も難なく読み始めた。

受講生は大半が入学直後の18歳で，今年夏の参議院選挙で投票できるので，「18歳選挙権」をテーマに挙げ，「政治家は投票率の高い世代に手厚い政策を考える。若い皆さんも自分たちの暮らしに関係する問題を考え，自分の気持ちを投票で表現することが大事」と切り出した。

「3月31日付朝刊を見てみましょう。ページをめくって『女の気持ち』という読者投稿欄を読んでください」。デジタル毎日の紙面ビューアーで学生たちに声を掛けた。「娘の除籍」というタイトルが付いた匿名希望の女性会社員（55）の文章で，「11万5000円の学納金を納めることができず，娘が大学を除籍になりました」で始まる切実な内容だ。

通信制高校で学んで2年間のアルバイトの末に奨学金を頼りに進んだ大学を除籍になった娘との暮らしについて「母子2人，必死に必死に，生きてきました」「つらい気持ちで張り裂けそうです」「どうぞ，学びたい若者の希望をかなえられる社会になりますようにと，願ってやみません」と綴っている。

奨学金は参院選でも注目される政策で，学生には最も身近なテーマの一つだ。「学びたいのに苦しい学生を支援する制度で，先進諸国では『給付型』がほとんどだが，日本は『貸与型』が中心。家計が貧しく，授業料は高い。だから日本ではいま学生の半数が奨学金を利用している。賃金の低い職に就いた人の中には返済できない場合もある」と説明した。

新聞の紙面ビューアーが映るスマートフォン

その上で「たとえば奨学金制度のような身近な問題をどの政党や候補者が真剣に考えているか，選挙ではよく調べて投票してほしい」と伝えた。その後，4人ずつの班を作り，「選挙で考えたいこと」をテーマにディスカッションした。

受講した学生に書いてもらった感想を一部紹介する。

「これからの日本を支えていくのは若者です。高齢者の住みやすい環境を作りながらも，これからの若者が住みやすい環境を整えていける日本になっていけばいいなと思いました」

「選挙で自分の一票がなくてもどうせ変わらないと思っていました。しかし，もしかしたらその一票で何か変わるかもしれないと今日の講義で思いました」

「日本も（奨学金が）貸与型だけじゃなく，給付型を採り入れたらいいのになと思いました。そんな時，18歳の私にも選挙権があるので選挙というものを通して少しでも役に立てたらいいなと考えました」

「政治への興味が少しでもわくように，ニュースを見たり，新聞を見たりしながら

政治のことを理解していななければいけないなと思いました」

「記事を読んで，まったく行く気のなかった選挙に行こうかなという気持ちになりました」

❾ ワークシートに基づく高校の授業ルポ

《特別授業「選挙に行こう」》

　高校生向けに投票や選挙運動などの仕組みを説明した副教材を簡略化したワークシートを使った特別授業「投票先を決めて選挙に行こう！」をリポートする。

　2016年3月3日，東京都立雪谷高校の2年生の教室に招かれ，授業したのは藤井剛・明治大学文学部特任教授。「全国の高校に配布された副教材は慣れた先生でないと授業ですぐに使うのは難しい。さらにかみくだいた手引き書が必要と考えた」。18歳選挙権の実施に向け，全国各地からの依頼で講演，模擬授業に飛び回る藤井さんがそう語るワークシートは1時限の授業用に作ったB5判8ページの「18歳選挙権に向けて－読んで考えて整理しよう－」（清水書院）だ。

　「夏に参院選があります。それまでに18歳になる人は？」。授業の冒頭，藤井教授が生徒たちに尋ねた。数人の手が挙がる。「はい，君たちはその時に選挙権があります」「ではどうやって選ぶのだろうね」「選挙って何のためにあるの？」。さらに問いかけが続く。

活発に手が上がった雪谷高校の授業

　すると生徒が答えた。「未来のため」「政治家に勝手な政治をさせないため」「自分たちのリーダーを決める大事なこと」……。大きくうなづく藤井さん。次はこんな質問を繰り出した。

　「国の借金，積もり積もっていくらでしょう。2015年度末の累積国債残高は？」「借金返すのは国民。自分たちだよ。では国民1人あたりの借金額は？」……。こうして国の財政状況を自分たちに引きつけて学んでいく。

《ロールプレーも活用》

　ユニークなのは，生徒3人によるロールプレーで会話しながら，世界の選挙権年齢，若者の投票率など基礎知識を学んでいくスタイルだ。「候補者の中からどう

マニフェスト表の説明をする藤井剛教授

18歳選挙をめぐる社会　25

いう基準で投票先を選べばよいか，自分ではよく分からないんです」（生徒役），「各党は必ずマニフェストや政権公約を発表する。これを投票前に手に入れて比較したり，新聞やインターネットに載る『まとめ』などを読んで比較したりしてほしい」（先生役）……生き生きとした言葉を耳からも受け止めようというねらいだ。

そのロールプレイが進むなか，藤井さんが言葉をはさむ。「国民主権って何だと思う？」「会社で一番偉いのが株主なのと同じで，政治を任せたぞ，と国民が議員を選んで仕事をしてもらうと考えてください」。教壇のスクリーンに会社の仕組みを図解した表が映しだされた。会社組織の頂点に見えるのは「株主」だ。そして「一番偉いのは国民なんだ」と解いていく。

《新聞掲載のマニフェストを比較》

続いて「あなたにとって望ましい政策を考えるとき，重要と思うテーマを二つ選んでください」と呼びかけた。生徒には，2014年12月の衆院選報道（毎日新聞）で掲載された各政党マニフェストを藤井さんが要約した表が配られている。生徒は「経済・財政」「外交・安保・憲法」「社会保障・女性」「原発・エネルギー」「地方活性化・復興等」からテーマを選び，各政党の公約欄に「○」「×」を10分間で記入した。

生徒はマニフェストを読んで○や×を記入した

高校生にはなじみのない専門用語が多いのか，「法人税というのは何？」「集団的自衛権の行使容認って？」などと挙手して言葉の意味を確かめる姿があった。

藤井さんは最後にこう伝えた。「○（まる）が一番多い政党が君にとって1票を入れる政党なんじゃないかな。（テーマを）二つしか見てないのに投票先を決めていいのかと思うかもしれないね。でもいいんです」「君たち若い人たちは全部比較してからでないと投票しちゃいけない，と思うらしいけど，最初は一つでも二つでもいい。これから知識や理解を増やして三つ四つと増やしていけばいいんだよ」

藤井さんは30年余りの高校教師体験を踏まえ，「一つでも二つでもいい」と呼びかけた理由を「今の若者はまじめで完璧主義者の面がある。それによって投票所へ足を向けにくいからです」と説明した。

2章
主権者教育を
始めるために

主権者教育と学習指導要領への位置づけ

　社会科は，その学習指導要領の目標に「国際社会に生きる平和で民主的な国家・社会の形成者として必要な公民的資質の基礎を養う（小学校・中学校）」と定められており，今までも主権者としての教育は位置づけられていた。ただ，ややもすると小学校の６年生に位置づけられている政治学習は，歴史学習に時間をとられて軽く扱われている傾向なども見られた。

　もちろん，主権者としての教育は社会科だけでなく，総合的な学習などの他の教科，領域でも取り組む必要もある。例えばイギリスやアメリカなどの海外の数学教育では「社会の公平性を判断するための統計の学習」を教育課程に位置づけている国もある。

　社会科以外の教科，領域について言及すると拡散することもあるので，ここでは社会科における主権者教育について述べていきたい。

❶ 小学校学習指導要領における位置づけ　　　　　岸尾祐二

■学習指導要領での記述

　小学校の社会科は，前述のように「公民的資質の基礎を養う」ことを目標としている。この「公民的資質」とは具体的にはどのようなものなのだろうか。

　学習指導要領解説では，次のように書かれている。

　「公民的資質」とは，国際社会に生きる平和で民主的な国家・社会の形成者，すなわち市民・国民として行動する上で必要とされる資質を意味している。したがって，公民的資質は，平和で民主的な国家・社会の形成者としての自覚をもち，自他の人格を互いに尊重し合うこと，社会的義務や責任を果たそうとすること，社会生活の様々な場面で多面的に考えたり，公正に判断したりすることなどの態度や能力であると考えられる。

　ここに示されている「公民的資質」こそが，主権者教育で目指すものの一つであると考えられる。そして，この目標を実現するために，学習指導要領では学習の内容が定められている。

　小学校では，第６学年で主に政治学習として次の内容を定めている。

（2）　我が国の政治の働きについて，次のことを調査したり資料を活用したりして調べ，国民主権と関連付けて政治は国民生活の安定と向上を図るために大切な働きをしていること，現在の我が国の民主政治は日本国憲法の基本的な考え方に基づいていることを考えるようにする。
　　ア　国民生活には地方公共団体や国の政治の働きが反映していること。
　　イ　日本国憲法は，国家の理想，天皇の地位，国民としての権利及び義務など国家や国民生活の基本を定めていること。

そして内容の取り扱いでは次のように記述されている。

　　イ　国会などの議会政治や選挙の意味，国会と内閣と裁判所の三権相互の関連，国民の司法参加，租税の役割などについても扱うようにすること。
　　ウ　アの「地方公共団体や国の政治の働き」については，社会保障，災害復旧の取組，地域の開発などの中から選択して取り上げ，具体的に調べられるようにすること。

　小学校では，社会科は第3学年からはじまり，市町村の学習から都道府県の学習，国の学習へと同心円的に広がっている。市町村や都道府県の学習では，「地域の産業や消費生活の様子，人々の健康な生活や良好な生活環境及び安全を守るための諸活動について理解できるようにし，地域社会の一員としての自覚をもつようにする。」ことを目標としているが，第6学年の学習では「日常生活における政治の働きと我が国の政治の考え方及び我が国と関係の深い国の生活や国際社会における我が国の役割を理解できるようにし，平和を願う日本人として世界の国々の人々と共に生きていくことが大切であることを自覚できるようにする。」ことを目標として，その学習する内容，範囲が大きく広がっている。

■教科書での扱い
　東京書籍の教科書での扱いは，「わたくしたちの生活と政治」の単元で19時間の配当時間である。第6学年全体で105時間の配当時間であるので，それほど多くの時間をとってはいない。そのうち「国の政治のしくみ」が3時間配当，「わたしたちのくらしと日本国憲法」が6時間の配当時間である。
　小学校段階では，身近な生活を通して学ぶことが中心となるため，子どもの生活とは離れた存在でもある国の政治や憲法の学習は扱いにくい教材である。教科書でも，公共施設の調べ学習や震災の復興などを導入として，子どもの調べ学習へとつながるよう工夫がされている。

学習指導要領解説でも「実際の指導に当たっては，児童の関心や地域の実態に応じて，調査活動を取り入れたり資料を活用したりして学習が具体的に展開できるようにすることが大切である。」と明記されており，今後，この内容の教材開発，指導方法の開発が求められる。

❷ 中学校学習指導要領における位置づけ　　　　町田貴弘

中学学習指導要領における社会科の目標は，次の通りである。

> 広い視野に立って，社会に対する関心を高め，諸資料に基づいて多面的・多角的に考察し，我が国の国土と歴史に対する理解と愛情を深め，公民としての基礎的教養を培い，国際社会に生きる平和で民主的な国家・社会の形成者として必要な公民的資質の基礎を養う。

　これは小学校や高等学校公民科とほぼ同様である。しかし，一部記載が異なっており，その一番大きなものが，「社会に対する関心を高め，諸資料に基づいて多面的・多角的に考察し」という部分である。この点こそ，中学において主権者教育を実施する最大の意義ではないだろうか。「社会に対する関心」は主権者として必要な第一の要素である。教科書に記されている知識だけでなく，日々身の回りで起きている出来事に対する関心をもてなければ，選挙で候補者や政党を選択することはできない。主権者教育や社会科の授業を通じ，ニュースに触れることで，社会に対する幅広い関心を高めることができる。「諸資料に基づいて多面的・多角的に考察する能力」は，選挙における政党・候補者の主張や公約を分析することにおいて必須の能力であり，またその力は経験的に培われる。主権者教育における模擬投票・模擬議会などの活動を通じ，様々な視点から物事を見る力を身に着けさせることができる。これらの能力は高校段階になってからすぐに鍛えられる，というものではない。中学段階でその基礎を身に着けさせ，それを高校段階で伸ばせるようにしたい。

　中学校学習指導要領，公民における目標を見ていくと，「1.（中略）国民主権を担う公民として必要な基礎的教養を培う」「2.（中略）個人と社会とのかかわりを中心に理解を深め，〜社会の諸問題に着目させ，自ら考えようとする態度を育てる」「4.（中略）事実を正確にとらえ，公正に判断するとともに適切に表現する能力と態度を育てる」との記載がある。具体的な内容面では，「3. 私たちと政治」という単元が主権者教育に該当する内容となる。ただし，学習指導要領での指導内容としてあげられているものは，政治制度の仕組みや選挙に関する内容だけではない。近年，重要性が指摘されている「法教育」についてや，地方自治の発展に寄与しようとする住民とし

ての「自治意識」についても言及されている。これらの内容は，中学段階の主権者教育において非常に重要である。国政選挙だけでなく，市民が裁判員として司法に参画することも主権者として大切な役割である。これを具体的に理解させるために，授業において実際に裁判員を体験してみる模擬裁判も主権者教育の一つとなりうる。また，地方自治においては，首長選挙や地方議会選挙だけでなく，地域の政策決定，例えば公園や図書館の設置をどのように行うか，地域の合意形成をどのように行うか，などといったことを考えることも主権者意識を高める第一歩となる。大上段に構え，政治や選挙などの内容を教師が解説するよりも，生徒に身近でより具体的な話題こそ，中学段階における主権者教育にふさわしい。肩肘を張ることなく，中学生が関心をもちやすいテーマから入り，私たち国民・市民が政治的意思決定に参画しているということを理解させていきたい。

　内容の取扱いに関しては，指導要領では以下の記載がある。「日常の社会生活と関連付けながら具体的事例を通して政治や経済などについての見方や考え方の基礎が養えるようにすること」。日常生活と政治・経済の関連付けを行うためには，新聞やニュースなどは格好の教材となる。また，「分野全体を通して，習得した知識を活用して，社会的事象について考えたことを説明させたり，自分の意見をまとめさせたりすることにより，思考力，判断力，表現力等を養うこと。また，考えさせる場合には，資料を読み取らせて解釈させたり，議論などを行って考えを深めさせたりするなどの工夫をすること」との記載がある。主権者教育においても，教師が選挙制度に関する講義や禁止事項を羅列した「べからず集」的な説明に終始するのではなく，複数の資料を用いて調べ学習を行わせたり，その調べた内容をもとにプレゼンテーションやディベートを行わせたり，積極的にアクティブラーニング的手法を取り入れる必要がある。先生が教え込む学習ではなく，生徒が自分から調べる学習を実施していかなければならないであろう。

■**指導計画の作成について**

　指導計画の作成に関する指導要領の記述では，「資料の収集，処理や発表などに当たっては，コンピュータや情報通信ネットワークなどを積極的に活用し，指導に生かすことで，生徒が興味・関心をもって学習に取り組めるようにするとともに，生徒が主体的に情報手段を活用できるよう配慮するものとする。その際，情報モラルの指導にも配慮するものとする」との記述がある。インターネットを利用すると効率よく選挙に関する情報を得ることができ，またその危険性やネット選挙の行い方なども理解できるため，ICT教育と主権者教育は別の世界のものではなく，主権者教育を，インターネットを用いて行うことで相乗効果が得られるはずである。

　以上，社会科公民の学習指導要領を中心に，主権者教育の位置づけを説明してきた

が，何も公民だけで主権者教育を行うわけではない。中学校道徳科の学習指導要領の目標において，「(4) 公共の精神を尊び，民主的な社会及び国家の発展に努める人間を育成する」「(6) 未来を拓く主体性のある日本人を育成する」との記載がある。また中学総合的な学習の時間の目標においても「横断的・総合的な学習や探究的な学習を通して，自ら課題を見つけ，自ら学び，自ら考え，主体的に判断し，よりよく問題を解決する資質や能力を育成する」と述べられている。主権者教育と聞くと，公民科だけで抱え込まなければならないと思いがちであるが，授業時数の関係など公民科だけで行うことが難しいのが現状である。そこで，道徳や総合的な活動の時間とリンクさせ，実施していくことがその実現可能性を大きく広げることになるのではないだろうか。

❸ 高等学校「現代社会」「政治・経済」における位置づけ　　藤井　剛

■「現代社会」における主権者教育

現代社会の学習指導要領には，次のような政治や選挙に関する記述がある。

第1節　現代社会

2　内容とその取扱い

　(2) 現代社会と人間としての在り方生き方

　　イ　現代の民主政治と政治参加の意義

　　　基本的人権の保障，国民主権，平和主義と我が国の安全について理解を深めさせ，天皇の地位と役割，議会制民主主義と権力分立など日本国憲法に定める政治の在り方について国民生活とのかかわりから認識を深めさせるとともに，民主政治における個人と国家について考察させ，政治参加の重要性と民主社会において自ら生きる倫理について自覚を深めさせる。　（下線筆者）

また解説には，次のような記述がある。

　指導に当たっては，「ウ　個人の尊重と法の支配」において扱う内容との関連に配慮するとともに，「内容の (1) で取り上げた幸福，正義，公正などを用いて」（内容の取扱い），なぜ議会を通して意思決定を行う必要があるのか，政治になぜ参加するのかなどについて考察させる。また「地方自治に触れながら政治と生活との関連について認識を深めさせる」（内容の取扱い）など，身近な生活にかかわる事例を通して理解を深めさせるようにする。さらに，民主社会における倫理的な自覚を深めさせるに当たっては，具体的な事例を取り上げて考えさせるなど，

> 指導内容の構成や指導の方法について生徒の実態に応じた工夫を行うことが大切
> である。
> （下線筆者）

　解説はさらに続けて，「現実の生活の中から現代の民主政治と政治参加の意義について考察させる。」「民主政治の下では，政治参加は国民の重要な権利であると同時に義務とも言えるものであることを踏まえ，主権者としての在り方生き方を考察させる」「民主政治の下では，国家の行為に対して最終的には国民自らが責任をもつことになることを理解させる」「大衆民主政治の下における政治的無関心の増大がもつ危険性などについて理解させるとともに，政党政治と選挙，行政の民主化，世論とマスコミュニケーション，圧力団体や住民運動などについても，間接民主政治の在り方と関連させつつ理解を深めさせる。」などの記述があり，**具体的な事例を取り上げながら，主権者として政治参加の意義や重要性，政治参加の方法等について学ぶことが示**されている。

■ 「政治・経済」における主権者教育

　政治・経済の学習指導要領には，次のような政治や選挙に関する記述がある。

> 第3節　政治・経済
> 2　内容とその取扱い
> （1）現代の政治
> 　ア　民主政治の基本原理と日本国憲法
> 　　日本国憲法における基本的人権の尊重，国民主権，天皇の地位と役割，国
> 　会，内閣，裁判所などの政治機構を概観させるとともに，政治と法の意義と
> 　機能，基本的人権の保障と法の支配，権利と義務の関係，議会制民主主義，
> 　地方自治などについて理解させ，民主政治の本質や現代政治の特質について
> 　把握させ，政党政治や選挙などに着目して，望ましい政治の在り方及び主権
> 　者としての政治参加の在り方について考察させる。
> 　　　　　　　　　　　　　　　　　　　　　　　　　　　　　（下線筆者）

　また，続いて内容の取扱いには，次のような記述がある。

> 　ア　内容の（1）については，次の事項に留意すること。
> ⑺　（中略）また，「現代政治の特質」については，世論形成などについて具体的
> 　事例を取り上げて扱い，主権者としての政治に対する関心を高めることに留意
> 　すること。
> 　　　　　　　　　　　　　　　　　　　　　　　　　　　　　（下線筆者）

解説はさらに続けて，「政党政治や選挙，国民の政治意識や政治行動の特徴などの具体的事例を取り上げることによって，政治への関心を高め，主権者としての主体的な政治参加の在り方へと考察が深まるように工夫すること」「現代政治における個人，政党及び圧力団体の行動，住民運動について取り上げ，客観的な資料をもとに様々な角度から考察させることを通して，国民の政治参加が政策決定に及ぼす影響や，主権者としての政治参加の在り方について考察させる。」などと記述し，現代社会同様，**具体的な事例を通して主権者としての政治参加を考察すること**を示している。

　また，「憲法改正手続における国民投票や地方自治における直接請求権など，投票以外にも多様な政治参加の道があることを理解させる」と記述し，主権者としての政治参加は投票だけではなく，例えば市民運動や請願活動などを取り上げるよう授業者に注意を喚起している。

小学校から始める必要

岸尾祐二

　2016年夏に予定されている参議院議員選挙から18歳選挙権が実施されることに伴い，メディアでは盛んに高校での主権者教育の実践を紹介したりその問題点をあげたりしている。しかし，高校から主権者教育を始めればよいのだろうかという率直な疑問がある。中学生には高校に進学しないという選択もある。義務教育段階までに「社会参加に必要な知識・技能，価値観を習得させる」主権者教育は不可欠とし，小学校から行うことが主権者を育てることに大きな役割を果たすのではないかと考える。

　小学校6年社会科の「政治」単元には「地方自治」「国会」「内閣」「司法」「日本国憲法」を学ぶ内容が配列されており，採択率が最も高い東京書籍版（2015年度版）6年生下巻「私たちの生活と政治」には56ページにわたって内容が掲載されているのである。6年生の学年末に実践される単元であるために，これまでどれだけ丁寧に実践されてきたかは明確でないが，今後はこの政治単元を充実させることが主権者教育のスタートとして位置づけることができる。ちなみに，中学3年の公民教科書（2016年度版東京書籍版）では，主権者教育に最もかかわりがある「個人の尊重と日本国憲法」「現代の民主政治と社会」の章には80ページが割り当てられている。もちろん，小学校，中学校とも上記の単元がすべて主権者教育につながるものでないにしても，多くのことを学べる機会にはなっている。

　さらには、小学校でも社会科、総合的な学習を中心に新聞を学習材にして世の中のことを学ぶ取り組みが多く見られる。いわゆるNIE（Newspaper in Education）である。NIEは決して高校から始める活動ではない。小学校の低学年から学ぶ実践も豊富にある。主権者教育はただ選挙のことを学ぶ、選挙の時に模擬選挙などの活動を行うことではない。普段から政治や社会の出来事をキャッチし関心を持ち続けることが不可欠である。

　具体的には2014年12月衆議院議員選挙が実施された際に，当時6年生の「政治」単元の国会の学習について衆院選を通し実践がある。その学習の様子の一部を『毎日新聞』から引用する（2015年6月16日朝刊，デジタル版から）。

●昨年の衆院選を実例に

　岸尾教諭は昨年度，小学6年の社会科の単元「わたしたちの生活と政治」（16時間構成）で政治，国会，内閣，裁判所，日本国憲法などを学ぶ時期が衆院選（昨年12月

14日投開票）と偶然重なったことから，民主主義に欠かせない選挙の仕組みを実際の衆院選を通して理解し，政治に関心をもつような授業を計画した。このうち5時間を充てた「国会」に関する学習の1時間目の「（国会の）仕事」では，児童は教科書や副教材の資料集だけではなく，新聞各紙の衆院選序盤戦の世論調査結果や特集記事を読んで学んだ。4時間目の「投票」では，選挙権年齢の引き下げに関する社説を読み，少子高齢化による若者の数の減少や低投票率で，若年世代の意思が政治に反映されにくいという背景を考え，選挙権年齢を20歳以上とする国が海外では少数派で，大半の国が「18歳以上」としている現状を知った。さらに5時間目の「選挙結果」では，自民，公明の両党で議席数の3分の2以上を維持した結果を大きな見出しで報じる在京6紙の紙面を読みながらリアルな選挙の雰囲気に触れた。児童は2人で1台使えるタブレット端末を使い，新聞記事検索のほか，「世論調査」「政党」「小選挙区」「比例代表制」「ドント方式」「ネット選挙」「選挙公報」「出口調査」などをキーワード検索して現実に進行する選挙を積極的に調べた。

■「国会」の学習内容（※＝新聞も活用）・1時間目「国会の仕事はなんだろう」※→・2時間目「どうやって代表者を選ぶのだろう」→・3時間目「法律はどのようにできるのだろう」→・4時間目「投票はどのようにするのだろうか」※→・5時間目「選挙結果はどうなったのだろうか」※

◇岸尾教諭「政治　身近に感じるように」

　「主権者教育」は高校で始めるより，政治的中立性を堅持することを前提に，義務教育段階でも選挙など基礎的な政治学習は必要だと思います。教師側が萎縮して避けるのではなく，自分たちの生活に政治が大きくかかわっていることを児童が知ることが基本です。選挙だけではなく，普段から新聞を読んで社会に興味をもち，政治を身近に感じることが大事です。選挙期間中には街の様子を観察させ，候補者ポスターの掲示板が出たり，選挙カーが走ったりすることに気付かせます。投票会場への入場整理券を「有権者宅に届きますよ」と見せたり，「親と一緒に投票所へ行ってみよう」と呼びかけたりします。児童の入場を許可しない投票所もあるようですが，選挙の雰囲気を知る機会です。また新聞に折り込まれる選挙公報を見せたところ，児童が党によってスペースが違うことに気付き，インターネットで調べ，比例候補者の数によってサイズが異なることを理解しました。今回の選挙例は今後の授業でも応用できます。教える側も節目の選挙記事は保存し，政治学習のテキストとして活用することが望ましいですね。（談）

　この実践のように国政選挙の時には，新聞で情報を得る，街はどのように変わったのか，投票所に行ってみよう，選挙結果はどうであったかというような学習が小学生からも可能である。小学校の主権者教育では，メディアから情報を得ること，自分で体験することの2つの視点がポイントになるのではないかと考えている。

主権者教育に向けた新聞の読み方

岸尾祐二

　紙の新聞はもう時代遅れのメディアなのだろうか。家庭での購読率も以前に比べずいぶん低くなった。現在は，ネットで多様な情報が手に入る。もちろん新聞社からの情報も含めてである。しかし，情報の選択と熟読はまだまだ紙の新聞に存在価値がある。

　NIE（Newspaper in Education）は国際的な教育運動である。米国，英国，スウェーデン，ノルウェー，オーストラリア，韓国などのNIEの実践では，新聞を活用し調べる活動につなげ，自分の考えをもち，表現を工夫し他者に伝えるという学習過程の実践が多様に見られた。教師が選んだ新聞の切り抜きではなく，新聞を丸ごと活用し熟読する学習方法である。もちろん，日本でよく見られる切り抜きを使うこともテーマによっては有効である。

　そこで主権者教育のために新聞を読み，世の中の出来事に関心をもつ方法について紹介する。新聞の読み方を習得することは大切な学習スキルになるものと考える。児童・生徒向けに監修した『情報を整理する新聞術』（フレーベル館，2010年）から，新聞を読解し自分の意見をまとめるポイントを引用したい。

　【新聞読解ゼミ】新聞記事を読み，記者が何を伝えたいのかを読み取りましょう。読み取った記事に対する自分なりの意見を考えてみましょう。

　〈記事をじっくり読んで自分の意見をもつ〉社会に興味や関心が出てくると，記事の内容に対して，これはとてもいいことだ，これはおかしいなどと，自分なりの思いや考えをもつようになります。自分がどんな考えをもっているかもわかってくるでしょう。

　〈「事実」の記事と「意見」の記事〉新聞記事を読むときには，この記事は事実だけなのか，それとも書き手の考えが入っているのかを，注意深く読み取る必要があります。なぜなら，考えが入っている場合には，実際のできごとを伝える記事であっても，「読者にはこう感じてほしい」とうながすように文章が組み立てられているからです。

　〈新聞によって考え方が違うことを知っておく〉同じできごとを扱った記事でも，新聞によって立場や考え方が違うので，伝え方も異なるのです。新聞社の考えが特に出るのは，社説や一面のコラムです。同じできごとを伝える記事を2つ以上の新聞で読み比べてみると違いがわかるでしょう。

〈自分の意見をまとめてみよう〉新聞を読んでいて気になった記事は，切り取っ
ておきましょう。切り取った記事は，新聞名とともに日付けをメモしておきます。
自分の意見を書く前に，記事の内容を要約しましょう。要約や自分の意見は，記
事をはった余白に書きます。記事はテーマごとにまとめてはると後から読みやす
くなります。また，同じテーマであっても違う角度から取材された記事や，違う
新聞の記事を組み合わせる方が，いろいろな立場や考えを知る上で便利です。

　具体的な選挙に注目した新聞の読み方を，2014年12月14日投開票の第47回
衆院選を例にして述べる。
【選挙公示前の新聞の読み方】
　衆院選はいつ解散があるかわからない。第47回衆院選も明確になったのは11月
18日で翌日の毎日新聞朝刊には「21日衆院解散　首相『アベノミクス信問う』」と
見出しにある。日頃からどのような政治状況なのか丁寧に読んでおくことが大切であ
る。その際世界の選挙にも関心をもちたい。これは2015年のことであるが，「英保
守党が単独過半数　首相続投EU離脱焦点に」（「朝日新聞」5月9日朝刊）「ミャン
マー総選挙　スー・チー氏『勝利宣言』（「読売新聞」11月10日朝刊）とある。参
院選は3年に1回ほぼ7月に選挙が行われるので公示前から新聞にはいろいろな情
報が掲載され注目しやすい。
【選挙公示時の新聞の読み方】
　12月2日に公示された衆院選，各党党首が街頭演説をするので党首の主張が新聞
に掲載される。それぞれどのような政策を主張するのか読み比べている。また，各地
の暮らしと政治に関する記事にも注目する。
【選挙公示後の新聞の読み方】
　公示後の選挙運動や序盤戦の世論調査の結果などが掲載される。どのように世論調
査が行われるのか新聞に説明がある。また，新聞に選挙公報がはさまれるので選挙区
の候補者や政党の主張を読み比べることができる。
【投票直前時の新聞の読み方】
　投票直前の選挙運動や選挙の問題点なども掲載される。「投票時間短縮35%　短縮
11回連続増都市部でも」（「毎日新聞」12月12日朝刊）とあるように投票終了時
間を繰り上げることが選挙管理委員会の判断でできるのである。都道府県別の繰り上
げ率が0%なのは千葉，神奈川，大阪だけである。賛否を考えたい。
【選挙結果時の新聞の読み方】
　選挙結果はどうだったのか。新聞を読み比べてみると各社の判断が読み取れる。
12月15日朝刊各紙の多くは「自公圧勝」と見出しをつけている中で，毎日新聞は
「自民微減291議席」とある。安倍首相の顔写真も笑っていない。横に掲載した社

説には「『冷めた信任』を自覚せよ」とある。

【選挙結果後の新聞の読み方】

選挙後の各党，各地の話題が掲載されている。注目される当選者や大物で落選した人など悲喜こもごも。民主党代表の海江田万里氏の落選，代表辞任が大きな話題になった。その後の組閣にも注目したい。

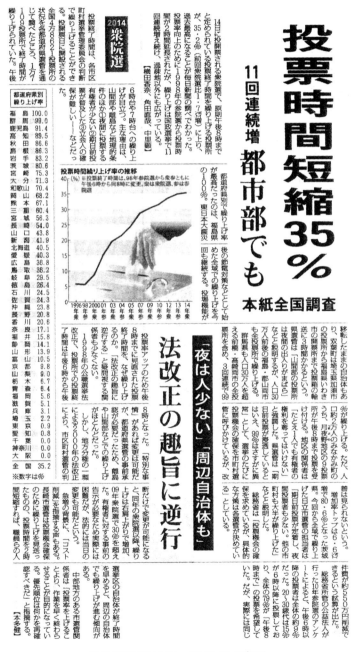

毎日新聞 2014 年　12 月 12 日朝刊

主権者教育のためのニュースの見方

岸尾祐二

　今やネットの時代であるが，まだテレビから情報を得る割合は一番多いのではないだろうか。まだまだその役割は大きいと考えている。テレビ局と新聞社は系列の関係がある。首都圏で視聴できる放送局についてであるが，日本テレビ―読売新聞，テレビ朝日―朝日新聞，TBS―毎日新聞，テレビ東京―日本経済新聞，フジテレビ―産経新聞となっている。テレビ局と新聞社の主張を比べてみることも一つのメディア・リテラシーである。

　NIEではよく新聞のテレビ欄のニュース内容を読み比べることをしている。どのメディアにも取り上げられているニュースもあれば，独自の取材によるニュースもある。これを読み比べると新聞にはない情報もあるので世の中のことが結構わかるものである。

　テレビの見方としては報道・情報番組を活用してみたい。映像のもつ魅力があり世の中の仕組みが理解しやすいことは特徴である。平日，土日の首都圏の番組を提示する（2015年11月現在のもので，番組や時間帯の変更がある）。

　平日の1日どのような報道・情報

毎日新聞
左　2015年11月27日（金）
中　2015年11月28日（土）
右　2015年11月29日（日）

番組が放送されているのかTBSを例に見てみる。

　なんといってもテレビの報道は映像を通してわかりやすいことが大きな特徴である。2015年11月13日パリ近郊で起こったISによると思われる同時テロの報道に接して絶句した。この事件を数日，新聞とテレビでの報道を追いかけたが，やはりテレビの力が大きかったと感じた。

　新聞の読み方と同様に，選挙に注目してニュースの見方を考えてみたい。

【選挙公示前のニュースの読み方】

　参議院議員選挙は毎回ほぼ7月と決まっているようであるが，衆議院議員選挙は解散があるからいつ行われるかわからない。衆参一緒のダブル選挙の場合もある。選挙公示前の政治状況にもニュースを通してしっかり注目する必要がある。

【選挙公示時のニュースの読み方】

　各党党首の街頭演説の様子やそれぞれの政党の政策についてニュースではどのように報道するか見ていきたい。

【選挙公示後のニュースの読み方】

　序盤戦の世論調査の結果をニュースではどのように報じているのか注目する。それぞれの政党や立候補者はどのような選挙運動をしているのか見てみる。

【投票直前時のニュースの読み方】

　投票直前各政党や候補者はどのように選挙を進めているのか，最後の土曜日に各政党の党首はどのような演説をするのか注目する。

【開票速報時のニュースの読み方】

　なんといっても選挙に関するテレビ局の報道は，ライブな開票速報に大きな魅力を感じる。といっても最近は出口調査の効果により，20時の投票締め切り時刻にはおおよその議席がわかる傾向にある。それでも各放送局はいろいろな工夫をこらしている。2014年12月の総選挙でも，NHK総合「衆院選2014開票速報」，NNN（日本テレビ系列）「ZERO×選挙2014」，ANN（テレビ朝日系列）「選挙ステーション2014」，JNN（TBS系列）「乱！総選挙2014」，TXN（テレビ東京系列）「衆院選SP　池上彰の総選挙ライブ」，FNN（フジテレビ系列）「衆院選2014THE SEN-KYO〜ニッポンをしゃべり倒す〜」などの番組があった。これからの政治の在り方なども考える機会にしたい。

【選挙結果後のニュースの読み方】

　選挙後の各党，各地の話題が放送されている。注目される当選者や大物で落選した人など悲喜こもごもは新聞と同じ。よりリアルに感じられるだろう。その後の組閣までの過程も報道される。そこにも注目したい。

教材をどうするか

　主権者教育を進めるにあたり教材をどうするか小学校，中学校，高校別に具体的にポイントを紹介する。実践にあたっては，小学校のポイントであっても高等学校で役立つこともあり，特に学校段階にこだわらずに，児童生徒の特性などから考えてほしい。

❶ 小学校での教材
岸尾祐二

■教科書を活用する

　まず主な教材として社会科の教科書を活用したい。「小学校から始める必要」で述べたように現行の小学校教科書には主権者教育に関する内容はかなり多く掲載されており，6年社会科下巻の「政治」単元がその中心になる。どの教科書も地方自治，国会，内閣，裁判所，日本国憲法という構成になっている。採択率が最も高い「新しい社会6下」2015年版東京書籍版は小学校レベルの「社会参加に必要な知識・技能・価値観を習得させる」には十分な内容である。

　もちろん，主権者教育は6年の政治単元に限定するものではなく，3年の市区町村の学習，4年の都道府県の学習，5年の国土・産業・環境の学習，6年の歴史・国際理解の学習のどの単元でも発達段階に応じて行うことが大切である。

■資料集，年鑑などを活用する

　保護者から教材費として徴収することになるが資料集などの副教材も活用できる。文章が少なく図，イラスト，グラフ，表，写真などが多様に配置されている。また，図書室などに置かれている朝日ジュニア学習年鑑などの子ども向け年鑑も時事問題や統計が豊富に掲載されているので調べ学習に活用できる。

■子ども向きニュースマガジンを活用する

　毎日新聞発行の「月刊Newsがわかる」，朝日新聞発行の「月刊ジュニアエラ」などのニュースマガジンは子どもの目線に立ってニュースを読み解くことができるもので，日常時事問題に関心をもつことに大きな役割を果たすことができる。「月刊Newsがわかる」を3年生以上の教室に各3冊ずつ置いているという学校もある。

家庭で購読しているケースが多いが教材として適切なところは学校で用意するとよい。

■メディアを活用する

　新聞，テレビ，ラジオ，インターネットなどは主権者教育やその前提としての時事問題に関心をもつスキルにとっては不可欠なことである。前記の「新聞の読み方」「テレビの見方」，後記の「インターネットとどうつきあうか」を参照してほしい。それと同時に，これらのスキルは学校で学ぶことも大切であるが，児童が身近な情報収集手段として個別に自由に活用していくことに意義がある。メディア・リテラシーについても考える機会をつくりたい。

■フィールドワークを活用する

　選挙になると街の様子が大きく変わる。ポスター，選挙事務所，選挙カー，選挙演説，投票所など，街のフィールドワークを試みたい。普段の街の様子からどのように変化したか子どもの目線で街ウォッチングしてみたい。投票所にも保護者が投票に行くならば一緒に行く体験を試みたい。もちろん，このことは保護者の理解，承諾が前提であるが。3章「主権者教育の授業アイデア」の「選挙の街ウォッチング」「投票所に行ってみよう」を参照してほしい。

❷　教材をどうするか　中学校社会科　　　　　町田貴弘

　主権者教育と聞くと，どうしても選挙を間近に控えた高校生に対する指導を思い浮かべがちであるが，公民的資質の基礎を形成する中学校の社会科，特に公民における指導が重要なのは言うまでもない。ただし，中学生にとって国政というテーマは身近ではなく，全体の興味・関心を惹きつけることは容易ではない。そこで，重要となるのが教材選びである。生徒に「政治は身近なこと」だと意識させられる教材・教具を選定することが何よりも大切である。

■教科書の活用

　教材の第一は，教科書である。しかし，参政権，選挙制度の仕組みといった教科書のお題目だけを教えるのではもったいない。また，国政の大きなテーマばかり扱うと，自分の身近なことを自分たちで決めることができるのが民主主義であるという要点を見失ってしまいがちになる。そこで，教科書のコラムや特集を上手に活用したい。平成28年度より使用される帝国書院の教科書『中学生の公民』では，参政権の項目に，「道路拡張計画の是非」について，地域住民の意見の対立から合意までの道筋を記述している。同年の東京書籍の教科書でも，政治分野の記載の冒頭に「だれを市長に選

ぶべき？」とのタイトルで，A～D候補のそれぞれの主張を示し，どのような観点で市長を選ぶべきかを考えさせている。このように地方自治を例にとり，私たちの１票が，自分の住む地域の未来を決めることになる，という点を意識させていくことが必要である。

授業の実践としては，政治分野全体，または地方自治の学習の冒頭に，地域の話題を扱かったテレビ番組を見せ，地域住民の身近なテーマを巡る対立や，それに対する行政の対応を見せ，生徒に発言・討論などを行わせ，その上で，教科書に戻りその内容を理解させる取り組みなども行われている。

■新聞の活用

教材の第二は，新聞である。主権者教育の前提として，身近な政治的問題に対する興味・関心を高める必要がある。新聞を活用する際には，授業に関連する直近で起きたニュースを紹介する，という場合もあれば，論争となるテーマに関し記事を読ませ，グループ討論やスピーチ，レポート作成などに発展させる場合もある。前者の場合，扱う新聞は１紙だけでもよいが，生徒を特定の方向に誘導しないよう，教師は概要の説明だけにとどめるなどといった注意が必要である。後者の場合は，政治的に対立するテーマであるケースが多いので，政治的中立性に留意し，賛否両面から２紙以上の記事を示し，生徒に判断させる。教師の説明時も肯定・否定両面に立って解説を施すようにしなければならない。中学生だと，新聞ごとに主張が異なる，という事実を理解していないケースが多い。この点を理解させるため，生徒に同じ発行日の，同じテーマ・内容に関して，２紙以上の記事の切り抜きをさせ，各紙の主張や取り上げ方がどのように異なるのかをレポートとしてまとめさせることは，メディア・リテラシーの観点からも有効である。

ただし，新聞は中学生にとっては難しい。小学生まではニュースを見ていた子どもが，中学生になり，部活動などにかまけて，ぱったりニュースを見なくなり時事的な関心を失ってしまうケースは少なくない。そこで有効なのが，「ニュース検定」である。クイズ感覚で時事問題についての知識を増やすことができるため，新聞を読むための基礎を身につけることができる。中学生のニュースに対する関心を高める有効なツールと言えるだろう。

■広報誌やインターネットの活用

その他にも様々な教材があるが，選挙を学ぶ際に活用しやすいものを数点あげたい。主権者教育で具体的な選挙の仕組みを教える場合，活用しやすいものは選挙管理委員会が発行している広報紙である。東京都では『Let's　すたでぃ選挙』という中学生向けの広報誌を毎年発刊している。これは，『私たちが拓く日本の未来』よりもイラ

ストが豊富であり，わかりやすく選挙の意義や仕組みを説明している。またホームページでもその内容が掲載されており，選挙の初歩を学ぶのに適している。

より深く選挙制度を学ぶ際には，衆議院や参議院の選挙制度の理解が必要になるが，抽象的な机上の学習だけでは，生徒の理解がなかなかうながされない。タレントの人気投票や，アイドルの総選挙を例に出しながら教える場合もあるが，それに加え新聞社の選挙に関するホームページを活用するとよい。各新聞社のホームページには政治という項目の中に選挙に関しての特集ページがあり，そこで各年に実施された選挙結果の詳細が載っている。

学校によっては，生徒は首都圏の幅広い地域が通学区域ということもあるため，生徒たち自身の選挙区にどの党の誰が立候補しているかが把握しにくい。そこで，レポート課題を課し，選挙結果全体を分析させることとともに，自分の住んでいる地域の選挙結果も併せて分析させるようにしたい。そうすることで，自らの地域への興味・関心を高め，主権者としての意識を高めさせることができる。

以上が代表的な教材であるが，何も公民の授業だけが主権者教育とは限らない。中学校で行われる生徒会役員選挙や委員会活動も，大きな主権者教育の教材となりうる。単に選挙や委員会活動を実施するだけではなく，事前にその意義を教員が説明し，その活動の後に振り返りを行うことが主権者教育につながっていく。

❸ 高校での教材 　　　　　　　　　　　　　　　　　　藤井　剛

■「教材」についての2つのポイント

宮崎県内で実施された県内全高校生対象のアンケート結果[1] によると，「投票の際に，困りそうなことは？（3つ以内の複数選択）」との質問では，「情報が少なく，誰に投票すればよいのか判断できない」との回答が第1位（64.2％）であった。この結果から，教材選択の第1のポイントは，論争的な教材で政治的リテラシーを養うように**具体的な政治を扱うこと**である。また，後述する「政治的中立」でも議論するが，従来の「トーク＆チョーク」のような教え込みの授業スタイルではなく，討論などを中心とした**アクティブ・ラーニングを取り入れること**が第2のポイントである。

■具体的な政治を扱う教材

具体的な政治を扱う教材は，新聞やテレビのニュースなどから探すのが一番である。授業者の視点から「このような政治課題は考えてほしい」という選択をしてもよいが，新聞などで話題になっている問題で，内容などがよくわからないことを書かせる「質問カード」を生徒に配り，生徒が興味や疑問をもつ問題を取り上げるのもよいだろう。

ただし取り上げた課題が，対立のある課題である場合は，生徒の考えや議論が深まるよう様々な見解を示す必要がある。そのため，例えば新聞を利用するときは，複数の立場の新聞を使用して[2]，生徒に比較検討させることが求められている。新聞を選択するためには，日頃から授業者は複数の新聞に目を通す癖をつける必要がある[3]。さらに，将来，資料として使用すると考えられる新聞記事をストックしておく必要がある。具体的には，資料性があると考えた記事は切り抜き，段ボールなどに入れておくとよい[4]。

テレビについては，ニュースを録画しての利用が考えられるが，毎日，ニュースを録画してチェックすることは不可能に近い。そのため，資料性が高いと考えられる番組を定期的に録画し，ザッと見て保存するか破棄するかを決めるとよい[5]。

さらに具体的な政治を紹介するために，議員やNPOのメンバーなどを招いたり，市政便りや県政便り，市議会便りなども利用できる。また，各政党のパンフレットやチラシなども利用できる。ただし，「政治的中立」で後述するが，議員を招いたり政党の印刷物を使用する際は，全会派に声をかけるなどの必要がある。また近時，地方自治体などは，自治体の課題などをHP上にあげていることが多い。例えば，県や市の財政状況や今後の財政支出の重点をどこに置くかの問題，地方経済の活性化の方法などが掲載されており，こまめにチェックすると論争的な課題が発見できることが多い。

■アクティブ・ラーニングを取り入れる

次の図は，有名なラーニングピラミッドである。ある授業メソッドで授業を行ってから，例えば3ヶ月後にどのくらい授業内容が定着しているかを示している[6]。この資料から，選挙に関する知識・理解の定着や関心をもたせるためには，「何を学ぶか」も重要だが，「どのように学ぶか」も重要だということが導き出される。つまり，教材選びも重要だが，教育メソッドの選択も重要であり，主権者教育では，調べ学習やディベートなどアクティブ・ラーニング[7]を取り入れていく必要がある。

■その他の留意事項

いろいろな教材を紹介してきたが，討論をするためにはTPPの定義や内容を知らなければならないように，討論などには当然基礎知識が必要であり，教科書や資料集を教材とする知識・理解の授業は必要である。その上で，本や雑誌などから課題を探求させること

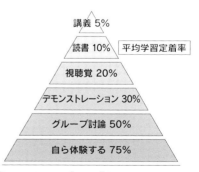

ラーニングピラミッド

(Dale, Edgar「The "Cone of Experience"」(1946))

もできる。さらに，新聞や政党のパンフレットを使った調べ学習などを行う前には，情報リテラシーの確立が必要である。最後に，具体的な政治というと，「国政」を思い浮かべることが多いが，「学校の統廃合」「公共用地の利用法」「市町村合併」など，地方自治レベルの身近な問題の方が生徒の興味関心を高めることもある。要は，授業者が日頃からアンテナを高くし，生徒の要求に応えるテーマを見つけようとすることが必要である。

注

1）　宮崎県選挙管理委員会が，平成 27 年 10 月に実施。回答者数 30,632 人。
（http : //www.pref.miyazaki.lg.jp/senkyo/kense/senkyo/enquete30000.html）

2）　例えば，安保法制がテーマならば，全国紙の中で賛成の立場の新聞 1 紙と反対の立場の新聞 1 紙，さらに地元紙の 3 紙程度を利用したい。なお，新聞は学校でまとめて購入すると安くなることが多い。詳しくは，新聞各社に問い合わせること。

3）　ネット上のニュース（例えば，yahoo ニュース）などは，1 紙しか扱わないことも多いこと，さらに紙面の全体が見えず，その新聞の論調や立場がわからないことが多いので「紙媒体」を読むようにしたい。

4）　段ボールは何箱か用意しておき，例えば「政治」「経済」「国際」「その他」と分けて切り抜いた新聞記事を入れておけば，日付け順になっているので，必要に応じて探すことができる。なお年に一回程度，段ボールからすべての切り抜きを取り出し，「重複した記事」「必要性がなくなった記事」などを破棄するとよい。

5）　筆者は，NHK の「クローズアップ現代＋」を定期的に録画している。「クローズアップ現代＋」は，基本的には「前半 10 分程度の資料映像」「10 分程度の解説」「後半 10 分程度の資料映像」という構成になっており，前半の資料映像は「問題提起」に，後半の資料映像は「まとめ」や「発展課題」として利用できるものが多い。

6）　ラーニングピラミッドの「％」の根拠は乏しいことが指摘されているが，現場の教員は，経験的にこのピラミッドそのものは正しいと感じている。

7）　アクティブ・ラーニングとは，「教員による一方向的な講義形式の教育とは異なり，学修者の能動的な学修への参加を取り入れた教授・学習法の総称。学修者が能動的に学修することによって，認知的，倫理的，社会的能力，教養，知識，経験を含めた汎用的能力の育成を図る。発見学習，問題解決学習，体験学習，調査学習等が含まれるが，教室内でのグループ・ディスカッション，ディベート，グループ・ワーク等も有効なアクティブ・ラーニングの方法である」（文科省 HP より）。ただし，50 分，すべて動かす必要はない。

インターネットとどうつきあうか

　ネットの時代である。それもスマホの時代である。デスクトップパソコンやノートパソコン，タブレットパソコンのように学校で利用してきたパソコンは子どもたちにどのように感じられているのだろうか。今の児童・生徒，そして我が子の様子を見ていると，学校でスマホを使っての教育を考えてもいいように思える。実際の選挙もインターネットでの選挙運動が解禁されている。各政党とも特設サイト，フェイスブック，ツイッター，ソーシャルリスニング，LINE など SNS を中心に活用している。情報を受け取る方もスマホの活用力が問われることになる。主権者教育にも SNS の活用方法という視点が必要なのかとも思う。しかし，今すぐスマホに特化し教室で活用して学習することは現段階では無理である。デスクトップパソコン，ノートパソコン，タブレットパソコン，スマホを含めインターネットとどうつきあうか私見を述べてみる。

❶ 小学校での取り組み
　　　　　　　　　　　　　　　　　　　　　　　　　　　　　　　　　　岸尾祐二

■日常，世の中の出来事に目を向ける
　新聞社や放送局のホームページを読む，見る。全国紙，ブロック紙，地方紙，地域紙，外国の新聞，いろいろな放送局など多様に活用できる。「ニュース太郎」（http：//www.newstaro.net/）というニュースリンク集が役立つ。「ヤフーニュース」「グーグルニュース」なども役立つ。スマホでニュースを読むことも当たり前である。いろいろなアプリがあり手軽に読める。

■世の中のできごとをどのように学習するか
　新聞に掲載された記事をどう学んだらいいか，朝日新聞デジタルの NIE サイトに「この記事を手がかりに」（http：//www.asahi.com/shimbun/nie/kiji/）がある。私は 2000 年 4 月からこのサイトに執筆しているが，勤務校の社会科や総合的な学習で活用している。

■政治，選挙に関心をもつために
　日常のできごとに関心をもったならば，ぜひ政治や選挙にも関心をもたせたい。主

権者教育で最も大事なところである。毎日新聞のホームページには「vote18 選挙に行こう」(http：//mainichi.jp/vote18/) というサイトがある。「選挙や投票，政治に関するニュースをまとめてお届けするページです。公職選挙法が改正され，投票できる年齢が，2016 年夏の参院選から『18 歳以上』に引き下げられます。主権者教育の教材として，日々の学びに役立ててください。」とある。

■ネット選挙に積極的なアプローチ

選挙期間中には積極的に SNS でネット選挙にアプローチしてみる。選挙に関するわからない用語もネットで調べる。知識が身につけばさらに積極的になる。

② 中学校・高等学校での具体的な取り組み　　　　町田貴弘

■ ICT をめぐる学校環境

近年，ICT 教育の必要性が叫ばれ，多くの学校でその導入が始まりつつある。インターネットに容易に触れられるという学習環境は，有益な点は多いが，生徒にとって毒にもなりうる。勉強に集中せず動画ばかり見てしまう生徒も一部に存在するし，不適切な使用により他者に危害を与えてしまった事例もある。それは主権者教育においても同様である。インターネットを政治的な興味・関心を高めるツールとして活用できた，という授業例もあれば，生徒がデマや一面的な情報のみで判断し誤解を招くということも起こっている。

ただ，授業で ICT 機器を使っているか否かにかかわらず，生徒の多くはスマートフォンを所有するようになっており，容易にインターネットに触れられる環境で生活している。その点を考えれば，今後，適切な使用法を伝えるためにも ICT 教育は避けることのできないものであり，主権者教育における ICT 機器の活用もまた同様である。選挙権を得たのちも，複数の選挙に関する情報を収集するために，また，ネットを通じた選挙活動において行っていいことといけないことを理解させるためにも，ICT 機器を通じた主権者教育は重要である。ここでは，主権者教育におけるネット上の効果的なサイトや使いやすいアプリ，その使用法を紹介するとともに，指導する際の注意点も指摘したい。

■ホームページを活用した事例

毎日新聞では，選挙前に「えらぼーと」というボートマッチをネットで行えるサイトを運営している。代表的な 15 項目の質問に答えることにより，自分の意見と一致する政党や選挙区における候補者の判別を行うことができ，自分と候補者との主張の

一致率や相違もわかる。実際にこのサイトを授業で活用したが，生徒の興味・関心はとても高く，入力をしてみると自分が支持している政党と異なる結果が出て驚く生徒が多い。ただ，このサイトを使う際は教員からの注意が必要である。実際に選挙で候補者を選ぶ際，全ての政策を並列で検討するわけではなく，自分が重要であると考える一部の項目で判断することが多い。この点を伝えた上で，自分にとって何が大切な政策なのかを考えさせたい。あとは，先述した新聞の選挙結果の特集サイトである。これは選挙制度を理解させる際に活用したい。これらのサイトは，生徒に PC ルームで使用させるだけなく，電子黒板やホワイトボードに投影して使用させる方がよいので，そのための教室環境整備も必要である。

■アプリの活用

　タブレット型の機器で使用するアプリでは，「Pingpong」を紹介したい。このアプリは，生徒のアンケート（○×や 4 択）を瞬時にとることができ，その結果をホストになった PC やタブレットから簡単に表示することができる。教員用の PC やタブレットをスクリーンに投影すればアンケート結果を全体に表示できる。また，40字以内ではあるがコメントを集めることもでき，そのコメント結果をスクリーンに投影すると，ツイッターのタイムラインのように生徒の意見を全体で共有することができる。

　次は「ロイロノートスクール」というアプリである。これは，各自がタブレット上で作成したスライドを，メールソフトなどを使うことなく先生に提出することができ，全画面で表示することや各自のスライドをグループで共有することができる。

　上記 2 つのアプリは，主権者教育を行う際，政治的意見の賛否を問う場面などで有効である。公開授業でこれらのアプリを用い，生徒の意見を発表させたが，見学されていた他校の先生から「手を挙げさせることや発問と何が異なるのですか」という質問を受けた。そこで私は「挙手や発問をさせると，答える生徒はいつも決まってきてしまいますよね。紙で意見を書かせることも有効ですが，集計したり発表したりするのに時間がかかります。これらのアプリを使うと，集計や全体発表が容易にできます。また，生徒の興味・関心も格段に高まります。そして，この方式で授業をすると引っ込み思案だけども優れた政治的意見をもっている生徒に光を当てやすくなります。これがアプリを使うメリットです。」と答えた。ログインや操作に関する説明など，手間がかかる部分もたしかにある。ただ使い方をマスターすればアクティブラーニングをサポートする有効なツールとなる。

■学習以外での活用

　生徒会選挙の際にもタブレットは活用できる。選挙の際の立会演説会，広い体育館

の中では候補者の顔さえも判別できない。

　そこで，事前に立候補者に政見放送動画を作成をさせ，全校生徒が閲覧できるようにする。立候補した生徒は音楽や映像など様々なコンテンツを活用し，自己の主張を効果的にアピールしようとする。投票する側の生徒は，顔のはっきり見える政見放送を視聴することで，どの候補が学校を担う人物としてふさわしいか真剣に考える，という好循環が生まれた。このように ICT 機器を用いた主権者教育は授業に限定されるわけではない。委員会活動や行事など学習以外の場面でも効果的に活用することができる。

■インターネット活用の留意点

　最後に，インターネットを主権者教育に活用する際の注意点も述べておきたい。PC やタブレットを通じ，調べ学習をさせると，検索用語 1 語だけを入力し，トップに来た掲示板や Q & A サイトの解答などを事実としてとらえがちである。そのようなものに内容が偏らないよう，教師から適切な誘導が必要である。官庁のサイトや総務省の統計サイトなど，原典データに触れさせるであるとか，新聞のサイトも複数見させることなどが必要である。また，近年個人の政治的な主張が動画サイトに数多くアップされている。実際に多くの生徒が閲覧しているのを確認したが，それらの中には，本来，複雑であるはずの政治的テーマの枝葉末節を省き，一面からのみ取り扱ったものが少なくない。ICT 教育を通じ多面的なものの見方の重要性に触れるなどメディア・リテラシー教育が今まで以上に必要である。

政治的中立について

藤井　剛

❶ 「中立」とはなにか？

　ここでは，まず私的な見解を示したのち対応を提案したい。まず「『中立』とはなにか？」である。「中立」とは，「対立するどちらの側にも味方しないこと。また，特定の思想や立場をとらず中間に立つこと」＝「真ん中」とされる（大辞泉）。理論的に「真ん中」はあり得るだろうが，現実の政治の世界ではあり得ない。「A党とB党の主張の真ん中」と「A党とC党の主張の真ん中」は当然違うものだからである（具体的に政党名をあてはめて考えるとよい）。このように考えると，ある政党が「主権者教育は中立であるべきだ」と主張するとき，その政党と教育現場が異なる対立政党を想定していた場合，「その授業は中立ではない」と非難されることになる。このように本来，普遍的とはいえない「中立」の名の下に様々な問題が各地でおきてきた[1]。そこで筆者は，授業における「『中立』は『公平』と読み替える」ことを提案したい。「公平」ならば手段・方法の問題だからである。具体的には，政党の政策を扱うときは，すべての政党のマニフェストを利用する。議員を授業に呼ぶときは，すべての会派に声をかけることである。このような方法ならば，立場によって流動する「中立」に変わり実態にあった公平な授業が行えるはずである。

　さて私見は横に置き，次に教員の行動について文部科学省・総務省による「指導資料」から「中立」に反しない授業方法を3点示したい。

　第1は，政治的対立がある問題を扱う際は，「A説」「B説」のように両論を併記し，生徒自らに考えさせることである。伝統的に，政治的な争点を扱うことが多い政治・経済などでは，例えば「自衛隊の違憲・合憲」に関して，双方の根拠をきちんと説明することで教育現場は対応してきた。

　第2は，上記のように「A説」「B説」を示したとしても，「教員の口はひとつ」であるため，どうしてもどちらかの説に傾くことがある。そのような場合は，複数の資料（新聞など）を利用して，対立点やその根拠などを，生徒が自ら調べ，まとめ，発表し，討論して判断させるようにすることである[2]。例えば，対立する立場の新聞から問題の争点を取り出させるとか，選挙公示日の「党首の第一声」から各党の一番の主張を取り上げ比較させることなどが考えられる。この手法をとった場合でも，教員による知識面の手助けは必要である。ただしこの手法の前提として，生徒の「メデ

ィアリテラシー」育成の必要があることに注意が必要である[3]。

第3は、「原子力発電所再開の是非」などのように、クラスの中に利害関係者がいるため、教員が授業で説明することに困難さを感じるテーマの場合である。そのような場合は、教育メソッドとして「ディベート」を勧めたい。ディベートならばこのようなテーマでも資料を集め、考察し、論争することによって公平に問題を比較することができるからである。さらに、テーマを「原子力発電所再開の是非」ではなく「これからの日本における電気エネルギーの供給はどのようをにしたらよいか」という大きなテーマに変えることを提案したい。このような大きなテーマに変更することで「世界の資源の枯渇問題」「自然エネルギーのメリット・デメリット」などと同時に「原子力発電のデメリット・メリット」を考察したり、「世界の原発の状況」も検討することができ、原発を含むエネルギー問題を広く、深く学習できることになる[4]。

② 教員の発言

「中立」とともに、議論になっているのが「教員はどこまで発言してよいか」である。この点に関して指導資料は、「現実の具体的な政治的事象について指導で取り上げる場合には、教員が複数の観点について解説し、生徒に考えさせることが求められる。そのため、生徒の話し合いが一つの観点についてのみ終始し議論が広がらない場合などに、教員が特定の見解を取り上げることも考えられる。さらに、議論の冒頭などに、個別の課題に関する現状とその前提となる見解などを教員が提示することも考えられる」と示しており[5]、「生徒の議論を活発にするため」や「議論の論点整理などのため」の見解提示を示している。このような教員による見解の提示は、これまでも多くの教員が現場で実践してきており、今後とも行えることを示したと考えてよい。

さらに、「生徒に意見を求められたらどうしたらよいのか」という質問も多いので、私見を示したい。第1に主権者教育が、主権者としての判断力や意見をもつための教育であるならば、教員も意見をもっていて当然だと生徒に理解させることが考えられる。第2に、その授業が討論やディベート中心の授業であるならば、教員の意見も「多様な意見の中の一つ」と生徒は理解するはずである。教員の個人的意見に生徒が引っ張られると考えているのは、従来のトーク＆チョークによる「教え込み」や「教員は正しい」という授業をしているからではないだろうか？反省したい。また、教育は教員と生徒との人間関係の中で行う作業である。その意味ではしっかりした人間関係があれば、教員による意見表明も「ケース・バイ・ケース」と考えられる。生徒が教員の意見を聞きたがっているのに「教員は意見を言ってはいけないんだ」と言い続けたら、生徒がもつ教員への信頼感は低下することになるだろう。

注

1) 2015年6月の山口県立柳井高校（同県柳井市）の公開授業が典型的である。ただし，副教材と指導資料が配付されたので，複数紙を利用した柳井高校の授業は何ら問題にならないものである。

2) 2015年12月までに全国の高校に配布された文科省・総務省による「活用のための指導資料（以下，「指導資料」)」21ページには資料について，「新聞等を活用する場合も多いと考えるが，新聞等はそれぞれの編集方針に基づき記事を記述していることから，現実の具体的な政治的事象を取り上げる際に副教材として使用する場合には，一紙のみを使用するのではなく，多様な見解を紹介するために複数の新聞等を使用して，比較検討することが求められる」と記述している。つまり複数紙を比較検討する授業は何ら問題がないことが示されている。さらに，対立する争点がないならば1紙を示すだけでよい。

3) 特定の新聞の論調を無条件で支持しない態度を育成することはもちろんである。しかし，ほとんどの家庭は1紙しか新聞を取っていない現状を考えると，教員が意識して2紙以上を比較検討させる必要がある。

4) 三重大学の山根教授は，どのような政治的な立場からでも公平に発言できる学習問題の設定を「中立項的な問題設定」とよんでいる（Voters No.26 8〜9ページ）。

5) 「指導資料」21ページ参照。

家庭でどう取り組むか

岸尾祐二

❶ 家族での主権者教育の可能性

　その昔は，家では父と兄がよく政治や選挙のことを話し合っていたことがあった。やや立場が違う二人が熱心に語っていたのである。当時は今のようなネット社会などなく，新聞，テレビ，ラジオが主な情報獲得手段である。お酒も入り二人の議論は長く続き，大人の社会は大変だと感じていたものである。

　現代の家族で政治や選挙のことを話し合う雰囲気はどのくらいあるのだろうか。おそらくあまりないのではないだろうか。世の中のことを親子で考えるという時間をもてなくなっているのではないだろうか。

　NIE（Newspaper in Education）に家族で新聞を学ぶファミリーフォーカスという手法がある。新聞を二人で読むことだけでなく，記事に出てきた場所を家族で訪ねるということもおもしろい。記事をもとに五感を生かした体験を通して，わずかながらもリテラシーの育成とコミュニケーションを図る試みであった（詳細については，「家庭でのNIE」，日本NIE研究会著『新聞で育む，つなぐ』東洋館出版，2015，所収，参照）。このように，子どもが小さいときに親子でニュースを通してのコミュニケーションがある程度とれると，高校生ぐらいになってもニュースになるような社会のできごとに関して，コミュニケーションがとれる可能性があるのでは考えている。

❷ 子どもとのコミュニケーション

　高校生の子どもと父親の関係は微妙である。一般的にはコミュニケーションをとることの難しさがあるのではないか。そんな関係で，政治や選挙の話題をストレートに持ち込むことは親の押し付けにしかならないこともある。そこで，まず普段からどのように親子関係を築いていくとよいのだろうか。

　部活動で疲れている帰ることが多くなかなかコミュニケーションがとれないこともあるが，そんな時でも学校生活や友だちのことを食事中に聞いている。まず，親としては聞く姿勢を身につけることが最も大切なことなのではないかと実感している。そして，運動部で必要なものや洋服などの買い物を一緒にするなど，親子の関係を家庭内に限定せず外でも行動できる機会をたまにはもつことも必要である。いつも順調に

親子関係を構築できているわけではないのだが，このような機会は貴重である。

　世の中の出来事に関しても，ストレートにニュース番組を一緒に見て話題にする前に，面白い視点で構成している番組を一緒に見ることを勧めたい。日本テレビ系列で月曜日の23時59分から24時54分まで放送している「月曜から夜ふかし」という番組がある。もちろん，親子で月曜から夜ふかしできないので，毎回録画をしている。この番組はホームページで「関ジャニ∞村上信五とマツコ・デラックスがお送りする『月曜から夜ふかし』この番組は，世間で話題となっている様々な件に対してちょっとだけ首を突っ込んだり　突っ込まなかったりする番組です。」と概要の紹介をしている。面白い角度から世の中のできごとを分析している番組である。この録画を見て意見を言い合うことから始めているのである。このことから，ニュースになった世の中の出来事に発展させていくようにしている，

　2015年安保法案が国会で議論されているときに，YouTubeで「教えて！ヒゲの隊長」「ヒゲの隊長のパロディのパロディ（笑）」が話題になったが，スマホで両方を見比べてどちらの方が理にかなっているか考えてみた。おそらく，社会のできごとに関して親子でコミュニケーションとるツールはネットではないかと考えている。親が一方的に教え込むことではなく，親子でのコミュニケーションを図るには子どもの得意なところを生かした方法が求められる。ネットを使うことでは，前記で紹介した毎日新聞のホームページにある「vote18 選挙に行こう」が手がかりになる。そこから発展して子どもが関心あるSNSからの情報を通して考え合ってみたらどうだろうか。あくまで，子どもから教えてもらうという姿勢が大切である。

　2016年1月6日には「北朝鮮が水爆実験」という報道がされた。本当に水爆実験なのか疑問が出されているが，親子で朝鮮半島はどういう状況なのか，水爆と原爆はどう違うのか，これからどのような状況になるのかなどお互いわかる範囲で話し合ってみた。

　2016年は選挙イヤーである。初めての18歳選挙権が施行される。7月に予定されている参議院議員選挙では，子どもの疑問からコミュニケーションをとっていきたい。あくまでも子どもから教えてもらうという姿勢で。そして，選挙後も政策を子どもの目線で話し合うことができればと考えている。

3章
主権者教育授業のアイデア

4章の主権者教育ワークをあわせてご使用下さい

選挙を知ろう！
世界の選挙権年令

岸尾祐二

　世界では，選挙権年齢が18歳という国が一番多い。アメリカやイギリス，イタリアなどは18歳である。選挙権年齢が18歳になったということが，特別なことだと感じている児童生徒も多いだろう。

　選挙について学習する入り口として，まず世界の国々の選挙権年齢を調べて，考えてみることは，どうだろうか。

国　名	選挙権年齢	国　名	選挙権年齢
アメリカ合衆国*	18	大韓民国	19
アルゼンチン	16	中華人民共和国	18
イギリス*	18	朝鮮民主主義人民共和国	17
イタリア*	18	ドイツ*	18
オーストラリア	18	日本*	18
オーストリア	16	フランス*	18
カナダ*	18	ロシア	18
シンガポール	21		

＊はG7（主要国首脳会議）参加国

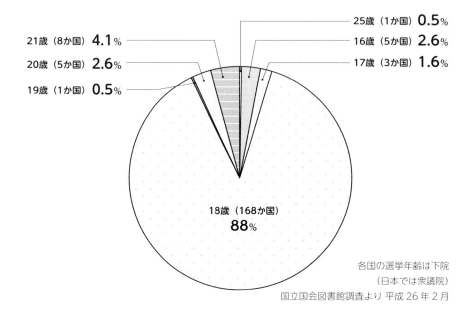

各国の選挙年齢は下院
（日本では衆議院）
国立国会図書館調査より 平成26年2月

考えてみよう！　世界の選挙権年令を見て，どのようなことが言えるか考える。

　2015年に日本で成立した18歳選挙権は諸外国の多くでは当たり前のことである。特に先進国と言われている国の中では最も遅い国と言うことになる。逆になぜ18歳選挙権がなぜこんなに遅かった理由を考えさせることもできる。

考えてみよう！

　いくつかの国では16歳で選挙権があるが，16歳選挙権についてどのように考えるか。

　オーストリアは16歳選挙権である。そこまで年令を下げることの意味を考えさせたい。具体的にオーストリアの選挙について実際どのように16歳選挙権が施行されているのか調べさせたい。その上でそのことの賛否を討論したい。

考えてみよう！

　日本は2015年に18歳選挙権に仲間入りをしたが，そのことをどのように考えるか。

　18歳選挙権にも賛否がある。それぞれどのような意見なのか具体的に考えてみる。学校での勉強が現実の政治につながってよいという意見やまだ十分に判断力がないのではという意見など賛否に分けて整理してみる。自分はどちらの立場にたつのか討論することもできる。ところで，投票ができるのは投票日の翌日に18歳の誕生日を迎える人までである。どのような理由なのか考えてみる。

考えてみよう！

　18歳選挙権を実りあるものにするにはどうしたらいいか考える。

　18歳選挙権は主権者教育の大切な機会であることを捉え，具体的にどのような学習が必要か考えてみる。現実の政治や経済の動きに関心を持つように本，新聞，テレビ，ネットをどのように活用するか自分のスタイルを持たせたい。

調べてみよう！

　外国の18歳選挙権はどのように行われているのか，ある国を例にして調べてみる。

　世界の多くの国々では18歳選挙権が施行されている。ある国の18歳選挙権のようすを調べ，日本と比較してみたい。

選挙を知ろう！
投票率

岸尾祐二

　選挙のたびに，投票率も大きなニュースになっている。なぜ投票率がニュースになるのかを考える。

　投票率が低下するということは，それだけ国民それぞれの意見が反映されないということである。インターネット上で，いくら発言を重ねても投票しなければ，それは具体的な形にはならない。投票は，国民が国政に参加する数少ないチャンスなのである。それにもかかわらず，投票率は低下している。投票率から，選挙の現状や問題を考えるようにしたい。

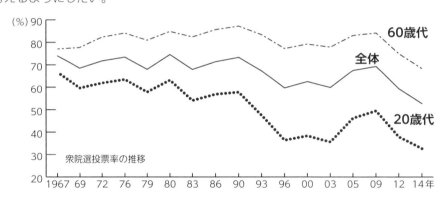

衆院選投票率の推移

毎日新聞 2013 年 7 月 20 日夕刊

考えてみよう！

年代別投票率のグラフを見てどのようなことが読み取れるか。

全体的に投票率がどうなっているか，年代別の投票率にはどのような傾向があるか読み取る。

考えてみよう！

若い世代の人の投票率について，どのようなことが読み取れるか。

20代の投票率にはどのような傾向があるか，他の世代の投票率と比較してみる。

考えてみよう！

20代の投票率の傾向の原因は何かについて考える。

なぜ20代の投票率が低いのか，その原因をいろいろな角度から考えてみる。選挙より自分のプライベートな時間に使いたいというような考えもある。可能ならば身近な20代の人に意見を聞いてみることもいい。

考えてみよう！

政治家は若い人に向けての政策を積極的に行うか，それともあまり行わないか考えてみる。

政治家は「選挙で落ちればただの人」とよく言われる。自分が政治家になって年代別投票率のグラフを見たならば，どの世代のための政策に力を入れるか考えてみる。

考えてみよう！

政治家に若い人のための政策を実施してもらうには，どうしたらいいか考えてみる。

若い人のための政策を行ってもらうには積極的に若い人の要望を伝えたり，投票率を高めたりする工夫が必要だろう。そんなことを具体的にどのようにしたらいいか討論させたい。

選挙を知ろう！
日本の選挙権の歴史

岸尾祐二

　児童生徒にとって選挙権を必要なものであると感じることは難しい。そのためには，いろいろな形で，選挙権の必要性を実感できる場面を用意していきたい。

　その一つが選挙権の歴史を学ぶことである。当然の権利と考えられている選挙権も実際には獲得するために多くの人たちが努力してきた成果である。こうした事実から，選挙権が国民にとって必要なことであることを感じるようにしたい。

年号	できごと	有権者
1889 明治22年	議院法、衆議院議員選挙法を公布	満25歳以上、直接国税15円以上を納める男子
1890 明治23年	第1回衆議院議員総選挙の実施	
1900 明治33年	衆議院議員選挙法改正	満25歳以上、直接国税10円以上を納める男子
1919 大正8年	衆議院議員選挙法改正	満25歳以上、直接国税3円以上を納める男子
1925 大正14年	衆議院議員選挙法改正（男子普通選挙制成立）	満25歳以上のすべての男子
1945 昭和20年	衆議院議員選挙法改正	女性の参政権を認め、満20歳以上のすべての国民が選挙権を有する「完全な普通選挙」が実現
2015 平成27年	公職選挙法改正	満18歳以上のすべての国民

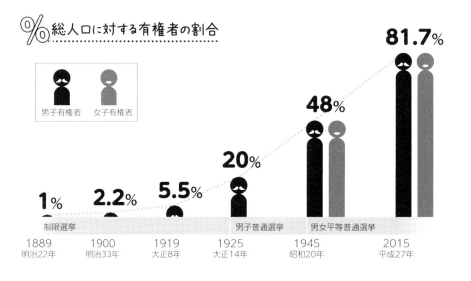

考えてみよう！

日本の選挙権の歴史を見て，どのようなことが言えるか。

選挙権の歴史については，小学校社会科の教科書や資料集にも必ず記述がある。日本の歴史の中で選挙権はどのように推移したか整理し，どのようなことが言えるか。

調べてみよう！

1889年には，「25歳以上の男子　直接国税15円以上」とあるが，現在だとおよそいくらぐらいになるか調べてみる。

明治時代の物価では，もりそばが1銭だったようだ。1円＝100銭。現在のもりそばの値段は調べてみる。あくまでも目安として出させる。人口の1％しかいないことにも注目する。

考えてみよう！

選挙権を納税者に限定することにはどのような問題があるか考える。

経済的に豊かな人しか選挙権がないとどのような政策に重点が置かれるか考えてみるとよい。

考えてみよう！

女性が選挙権を得たのは1945年。この時代の日本はどのような状況だったか考える。

第二次世界大戦の終戦後であり，日本に民主化の波が押し寄せていた時期である。具体的にどのような社会状況であったのか歴史の教科書でもう一度確認したい。

調べてみよう！

投票率が高いのは男性か女性か調べてみる。

男女別投票率の推移のデータを探す。そのデータからどのようなことが読み取れるか。年代によって男女の差があるかなども調べてみる。

選挙を知ろう！
世界の国々の首脳はどのように選ぶのか

岸尾祐二

　主権者教育は国内の政治だけでなく，海外の動向にも目を向けさせたい。

　日本の首脳は内閣総理大臣であるが，国によっては大統領であったり，首相であったりする。そして直接選挙，間接選挙と選ばれ方も異なる。

　具体的には，G7（先進国首脳会議）の首脳はどのように選ばれているのだろうか。その選ばれ方などの学習を通して，選挙制度や制度による政治への影響などを考えたい。

国　名	制　度	首　脳	任　期	任期上限	選び方
アメリカ	大統領制	大統領	1期4年	2期	国民が一般投票で大統領選挙人を選ぶという間接選挙
イギリス	議院内閣制	首　相	1期5年	無し	総選挙で下院の過半数の議席を獲得した政党の党首　首相指名選挙は行われない
カナダ	議院内閣制	首　相	無し	無し	下院の多数党の党首または連立会派の代表
ドイツ	議院内閣制	首　相	1期4年	無し	大統領の推薦に基づき、下院議員の中から過半数の賛成で選出される
フランス	大統領制	大統領	1期5年	2期	国民の直接選挙
イタリア	議院内閣制	首　相	1期5年	無し	イタリア議会の両院と各州の代表から選ばれたイタリア大統領による任命
日　本	議院内閣制	首　相	1期4年	無し	衆議院と参議院での首相指名選挙による選出

調べてみよう！

　ニュースでよく取り上げられる先進国首脳会議に目を向ける。各国の首脳は選挙でどのように選ばれるのだろうか。

考えてみよう！

　直接選挙と間接選挙を比べてみる。

　一般には，大統領は国民が直接選ぶ直接選挙で（アメリカ大統領選挙は選挙人名簿など変則的な選挙であるが），首相は国民が間接的に選ぶ間接選挙で選出されることが多い。日本でも都道府県知事は直接選挙で，内閣総理大臣は間接選挙で決められる。直接選挙と間接選挙のいい点，問題点を出してみる。

考えてみよう！

　学級委員を間接選挙にしてみたら結果はどうなるか考える。

　可能ならばロールプレイングの手法を取り入れる。ロールプレイングとは「実際の場面を想定し，さまざまな役割を演じさせて，問題の解決法を会得させる学習法。社員訓練や外国語会話の修得に応用されている。役割実演法。ロールプレー」（デジタル大辞泉より）

調べてみよう！

　先進国首脳会議参加国以外の国々では，どのように首脳が選ばれているのか。

　世界には 190 以上の国，地域がある。各国の首脳はどのように選出されているのか，いくつかの国の場合を調べてみる。

考えてみよう！

　その国のリーダーが選挙で選ばれない国は，どのようにしているのか。

　どのような仕組みなのか，それらの国々ではどのような政治状況なのか考える。

選挙を知ろう！　世界の国々の首脳はどのように選ぶのか　　65

選挙をアクティブに学ぶ
選挙の街ウォッチング

岸尾祐二

選挙が始まると，あちらこちらで選挙準備を目にすることがある。これらも立派な教材である。選挙期間中の街中の様子から，選挙についての関心を高め，選挙についての理解を深めたい。

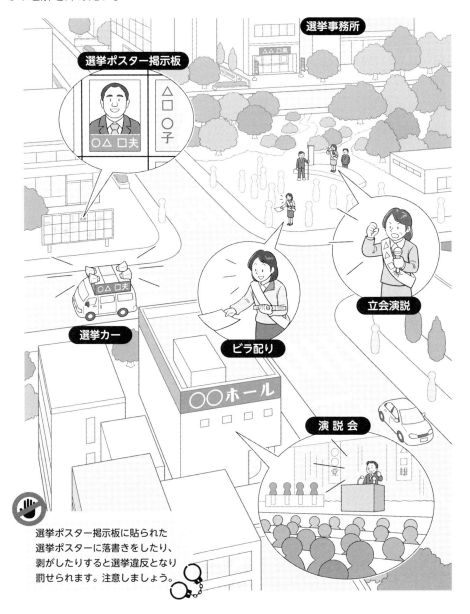

話し合ってみよう！

選挙が公示されてから街はどのように変化したか，実際に観てみる。そして，どんなことに気がついたか意見を言い合う。

調べてみよう！

イラストにあるのは選挙活動のようすである。それぞれどのような活動か調べてみる。それぞれどのような道具があるかも調べてみる。

立候補掲示板　公示後ポスターを貼る前には番号が付いていたが，その番号はどの掲示板でも同じ順番で付けられていたか。

ポスター　ポスターにはどのような工夫があるか。夜でも候補者の顔や名前が見えるのだろうか。ポスターに意図的にいたずらをしたらどのような罪になるのか。

選挙事務所　選挙事務所はどのような場所にあるのだろうか。選挙事務所の入り口近くはどうなっているか。選挙事務所の中はどうなっているのだろうか（可能ならば見せていただく）。

選挙カー　選挙カーが事務所の近くに止まっていたら観察してみる（可能ならば見せていただく）。

立会演説　演説するためにどのような道具があるか観察してみる。

演説会　どのような場所で演説会が開かれているか調べてみる。また，立候補者一人の演説会か，複数の立候補者の演説会なのか。

ビラ配り　ビラ配りをしている人はどのような場所でどのようなやり方で配っているか調べてみる。

調べてみよう！

選挙応援にはどのような人が来るか調べてみる。

それぞれの政党で有名な人やタレントなども応援に来ることもある。そんな時は演説を聞きに来る人も大勢集まるのだろうか。

選挙をアクティブに学ぶ　選挙の街ウォッチング　67

選挙をアクティブに学ぶ
投票所に行ってみよう

岸尾祐二

　選挙当日には，投票所が設置される。学校が投票所になることも多いが児童生徒にとっては，決して身近なものとは言えない。基本的には，有権者以外は中には入れないが，子供の場合は投票する保護者と一緒に入れる投票所もある。また，入り口から中の様子が見えるケースも多い。

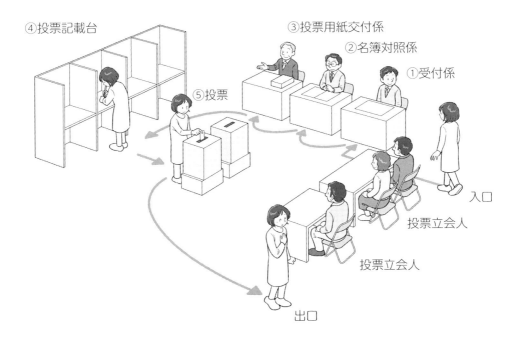

やってみよう！

　選挙実施時に18歳以上の人は投票できるが，18歳未満の方は一人では投票所に入れない。保護者が投票に行けば一緒に投票所に入れる（入れてくれない投票所があれば，どうしてだめなのか聞いてみる）。可能ならば投票所に入り実際の選挙のようすを観てみる。投票所はどのようなようすなのか。

調べてみよう！

　投票所にいる人，ものを調べてみる。

最初に行くところにいる人　ここではどんな人がどんなことをしているのか。
複数で座って見ている人　どんな人がなんのために複数で見ているのか。
投票用紙を渡す人　どうすれば投票用紙をもらえるのか。どのような機械から投票用紙が出てくるのか。
投票用紙　投票用紙にはどんなことが書いてあり，どのような工夫があるか。
投票用紙記入場所　投票用紙記入場所はどうなっているのか。
投票箱　投票箱はどうなっているか。
その他　投票所にいる人，投票所にあるもので気がついたことがなかったか。

調べてみよう！

　投票所にはどのような場所が使われているか調べてみる。こんなところも活用されているという例も探してみる。

調べてみよう！

　期日前投票，不在者投票はどのような条件と場所で行われているか調べてみる。

調べてみよう！

　投票入場券をなくしてしまったらどうなるのか調べてみる。

選挙をアクティブに学ぶ　模擬選挙①
― 市長に立候補して政策討論を行ってみよう！―

藤井　剛

■架空の模擬選挙とは？

　模擬選挙は，政治的な課題を生徒が調べ，自分なりの判断基準を持って政党や候補者に投票するものである。ここでは，架空の候補者を立てて行う模擬選挙を提案する。中・高校を想定した授業案であり，身近な自治体の課題から自分たちの政策立案能力を高め，有権者としての投票意識を向上させるのが狙いである[1]。

やってみよう！　政策討論

（1）事前準備

　政策討論となる身近なテーマを2項目設定する。地域産業の活性化，少子高齢化対策，コミュニティー再生，省エネ・環境対策，水道料金値上げ，災害に強い街づくり，農業再生など幅広いテーマが考えられるが，生徒と保護者が話し合い，テーマを提案してもらえればより効果的になる。

　次に，教員がテーマごとに4人の立候補者と各候補に2人の政策立案ブレーンを指名し，政策討論会を準備させる（クラスの人数により候補者数は調整する）。たとえば第1テーマが「少子高齢化対策」の場合，資料1のような政策提案（テーマごとに二つの提案）を立候補者と政策立案ブレーンが準備する。

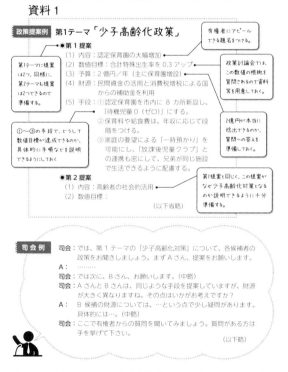

　立候補者は教員やNPOのスタッフ，政策立案ブレーンは生徒が務める（高校で行う場合は，立候補者，政策立案ブレーンともに生徒が行うとよい）。若者の投票率を高める目的で活動する学生グループに立候補者の役を依頼すると効果的である。政策

討論当日は，各候補は自分の政策やその資料などを印刷し，資料として配布することを認める。

（2）政策討論会当日

政策討論会の司会は教員が担当する。「一問一答形式」で各候補者の政策を提案させ，討論を進行させる（資料1に「司会例」を入れた）。

立候補者と政策立案ブレーン以外の生徒は討論会終了後，立候補者の政策を比較して投票する（立候補者の施策比較の「評価表」を資料2としてあげる[2]）。表の「三角形」の面積が大きいほど，自分の考えに近く投票してもよい候補となることに気づかせたい。

資料2

①あなたが選んだ『課題のキーワード』を「A～C欄」に記入しよう。
②それぞれのキーワードに対する各候補者の得点を図に記入しよう。（例：●印）
※「1～3」は得点を表す。図の中心から遠いほど高得点。
③得点を候補者ごとに色別の線で結ぶ→三角形が完成。

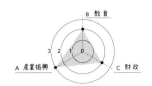

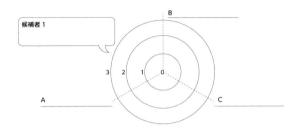

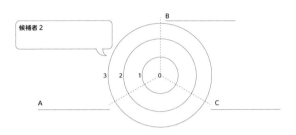

投票に際し，選挙管理委員会や明るい選挙推進協議会の方を招き，選挙に関する説明をしてもらったり，投票用具一式をお借りして本当の選挙のように投票を行ったりすることも有効である。

教員などからの講評のあと，開票作業に入り当選者が決まる。外部の専門家（新聞記者や政治学専攻の大学院生）を招いておき，講評・ジャッジしてもらうとより効果的である。また，討論会後に「まとめレポート」を課したり，振り返りシートで投票方法を振りかえさせると思考が深まる。

注
1) ここでは，生徒が立候補者になる提案をしたが，生徒と年齢が近い大学生やNPOの関係者にお願いすると，生徒にとって選挙がより身近になると同時に，学校側からすると運営の負担が少なくなる。さらに，「学校のとなりの空き地をどのように利用するか」という身近なテーマで大学生などが市長立候補者となって政策討論をすれば，小学校でも模擬投票は実践できる。千葉市の小学校が，弁護士と連携して行っている事例がある。
2)「私たちが拓く日本の未来」（総務省・文部科学省）54ページを参考にして作成した。

選挙をアクティブに学ぶ　模擬選挙②
－実際の選挙に合わせて模擬選挙を行ってみよう！－

■実際の選挙に合わせた模擬選挙とは？

　実際の国政選挙の時期に，実際の立候補者や政党を対象として投票するのが「実際の選挙に合わせた模擬選挙」である。参議院議員通常選挙は，3年に一回，7月に行われることが多いので，計画的に「模擬選挙」を行うことができる。衆議院議員総選挙は，突然の解散で行われることが多いので実施は難しいことが多い。

　この模擬選挙はキチンと情報を収集し，争点などを分析して，自ら考え，代表者を選ぶという気持ちで投票する活動を通じて，将来の選挙に備えた経験を得ることを目標としている。若者に対して「なぜ棄権するのか」を問うと，その回答の一つに「一票投じても政治は変わらないのだから，わざわざ自分の時間をつぶしていく必要は無い」との回答がある。経済学の「機会費用」の考え方からすると当然の意見だが，模擬選挙を経験させることによって，投票にかかる時間は10分もかからないことを体験させることで，投票へのハードルを下げることが出来る。

　ここでは，政党の主張を考える比例代表選挙を取り上げる。

やってみよう！　模擬選挙

　まず，公示から選挙期間，投票日など，実際の選挙スケジュールや投票方法，選挙運動の種類，政党の公約（マニフェスト）を手に入れたり知る方法を確認させる。

　次に，「架空の模擬選挙」同様，各自で「投票するとき，どのような政策を重視して投票するか」を考えさせる[1]。

　選挙期間の前後になると，新聞やテレビのニュースで選挙に関する報道が多くなる。例えば，公示日の新聞の夕刊には，各党の党首の第一声が載っている。この第一声は，この選挙を通じてその政党が一番伝えたいことであることが多い。また，各家庭には選挙公報が配布されるので，政策の違いをじっくり研究することも重要である。また，政党ごとのマニフェストの比較一覧が新聞に掲載されることも多い。後述するが，それらをもとに，グループや各自で政策比較表を作成するのも有効である。

　校内に「投票所」を設置しておき，生徒たちはそこで投票を行う。投票は，

①授業時間内に行う（投票の教育的効果を考えた方法。投票率は100％になる）

②昼休みや放課後に行う（事実上の自由投票になり，本来の選挙に近づく）

のどちらかを選択することになる。

　「架空の模擬選挙」同様，選挙管理委員会の方などを招き，選挙の説明をしてもら

うことも有効である。具体的には，あらかじめ生徒には投票入場券（整理券）を配付しておき，それを持って投票場所に来させる。投票所では，名簿による受付係（「選挙管理委員会」が生徒会の中におかれている学校はその生徒が，名簿による受付係，投票用紙交付係，投票立会人，開票係などを分担するとよい。その仕事内容は，選管の方から指導してもらう）が本人確認し，投票用紙の交付や投票確認，開票まで生徒が行う。なお，投票記載台や投票箱，開票に使う枚数を勘定する機械など，選管からお借りすることが出来る（窓口は，都道府県選管，市町村選管の地域によって異なる。ただし，実際の選挙を題材とする模擬選挙では当選人確定後まで開票できないことに注意が必要である）。さらに，実際の投票用紙（折って投票箱に入れても，なかで開く用紙）をいただけることもある。

投票・開票後，4人一組のグループになり，お互いの政策比較一覧について意見交換をしたり，選択した2つのテーマの比較を行ったりして，振り返りを行う。

■注意事項

実際の選挙に合わせた模擬選挙は，現実の政治事象について，各党や候補者の主張や公約などから判断して選択・投票するので，具体的・実践的な政治的教養を身に付けることが出来る。反面公職選挙法上，いくつかの制限などがあり十分な注意が必要である。そのため，後述するが，選挙管理委員会等と連携をとることを推奨したい。

第1に，選挙運動期間の前などに授業を行うと，事前運動の禁止に反する恐れがある行為があり，選管などと打ち合わせを行っておくとよい。第2に，実際の選挙に合わせて行う模擬選挙は，公職選挙法上の「人気投票」にあたるとされており，本当の選挙で当選人が確定するまで模擬選挙の結果を公表することは出来ない[2]。第3に，選挙運動期間中に配布・掲示するポスターやビラなどの枚数などは制限されており，マニフェストやポスターなどは生徒が集めてくる必要がある。また後述するが，選挙期間中は教員が政策比較表を作成しない方がよい[3]。第4に，「模擬選挙」であっても，投票の秘密保持は守る必要があるなどである。

上記のような注意事項を考えると，実際の選挙に合わせた模擬選挙は実施しにくい感じがするが，サポートしてくれるNPOもあり[4]，連携すると実施は容易になる。

注
1）例えば，「法律」「経済」「財政」「社会保障」「安全保障」「外交」「資源・エネルギー政策」「教育・文化・スポーツ」「農林水産業」「TPPを含む国際経済」などのテーマから2つを選ばせて政策比較させる。また投票の基準は，政策だけではなく，政策の実行力，専門性，地域性など，他に考慮すべきこともあることを理解させる。
2）ただし，人気投票そのものを禁止する規定ではない。
3）各党の政策比較は新聞社が作成したものをそのまま使用するとよい。
4）模擬選挙推進ネットワーク（www.mogisenkyo.com/）などがある。

選挙をアクティブに学ぶ
投票率向上の方法を考える

藤井　剛

■若者が棄権する理由は？

　下のアンケート結果[1]とこれまで行ってきた高校生や大学 1，2 年生への聞き取り調査を合わせると若者が棄権する理由は大きく次の 3 点にまとめられる。

　1 点目は，青年期特有の「完璧主義」である。具体的には，資料にあるように「政治や選挙に関する知識がないから」「18 歳は，まだ十分な判断力がないから」「まだ社会に出ていないから」投票に行ってよいのか？と考えているのである。日本の若者は，一般的

18 歳選挙権に反対の理由は？（3 つ以内で複数選択 ）

	選 択 肢	回答人数	「反対」の生徒に占める割合[1]	全生徒に占める割合[2]
1	政治や選挙に関する知識がないから	4,440	62.9%	14.5%
2	18 歳は，まだ十分な判断力がないから	4,189	59.4%	13.7%
5	どうせ選挙に行かない人が多いから	3,001	42.5%	9.8%
3	年齢を下げても政治は変わらないから	2,454	34.8%	8.0%
6	まだ社会に出ていないから	1,814	25.7%	5.9%
4	忙しくて投票に行けないから	571	8.1%	1.9%
7	その他	543	7.7%	1.8%
	有効回答計	17,012		

※1　「反対」と回答した生徒（7,055 人）に占める割合
※2　アンケートに回答した全生徒（30,632 人）に占める割合

宮崎県選挙管理委員会によるアンケートより

に言われているように「いい加減」ではなく，かなり「真面目」である。この真面目さゆえに「政治が分からないのに一票を投じてよいのか」と悩み，棄権する。この点を，「課題 1」としたい。2 点目は，資料中の「年齢を下げても政治は変わらないから」との，投票への「有効感」が持てないことである。この点を，「課題 2」としたい。3 点目は，「面倒くさい」である。これは，上記資料には選択肢がなく現れていないが，ヒアリングで聞くことが多い若者の「本音」部分である。この点を，「課題 3」としたい。

考えてみよう！

　さて上述した「棄権の理由」＝「課題」から，投票率を上げるためにはどのような方策が考えられるだろうか？

　まず大前提として，選挙や投票に関する基礎的な知識や理解を身に付けさせる教材が必要である。これは，これまでの政治・経済や現代社会で扱ってきた「議員定数」などのような知識・理解ではなく，いわば「教科書に書いていない『選挙の作法』」と言うことが出来る。例えば，「投票所に入るときに必要な『投票の案内（入場券）』をなくしても身分を証明するものを持って行けば投票できる」「選挙権は『権利』な

ので，税金を払っていなくても行使できる」などである。

　次に，「課題1」の「よくわからない」対策である。若者は，「政党が提案している
マニフェストをすべて理解し，比較出来るようになって投票すべき」だと考えている
らしい。多くの有権者は，興味関心のあるテーマ2〜3項目のマニフェストを比較
して投票しているのではないか。そのため，若者の投票への心理的ハードルを下げる
ために提案されているのが，いくつかの政策を比較して投票先を決める「マニフェス
ト比較」である[2]。

　第2は，「課題2」の「有効感がない」対策である。この点については，「私の一
票で『選挙結果が変わった』」という事例を集めたり，「投票に行かないと損をする」
教材を開発すべきだろう[3]。

　第3は，「課題3」の「面倒くさい」対策である。若者は，投票にはかなりの時間
がかかると考えているらしい。1回でも投票した経験があれば，投票はそれこそ「5
分」であることが分かるのだが，若者が初めて経験する選挙では分からない。そこで
提案されているのが，「模擬選挙（模擬投票）」なのである[4]。

　さて，主権者教育の教材や教育メソッドはこれだけではない。例えば生徒会選挙の
活発化，校庭や体育館の使い方を生徒が決める，などが考えられる。現在多くの高校
などでは，放課後の部活動の体育館使用割当は部活動の顧問が決めている学校が多い。
その割当の話合いを，部活動の部長に行わせると，部長会議は激しい論争となる。こ
の論争はまさに「主権者教育」である。

　さらに模擬裁判，模擬議会，ディベート，グループ・ワークなども主権者教育であ
る。例えば模擬裁判における評議とは，裁判劇で示された「証拠」をもとに，有罪・
無罪の心証を持ち，他の裁判官役や裁判員役の生徒を説得する行為である。この「説
得」もまさに主権者教育である。

　さて，上記の「校庭や体育館の使い方を生徒が決める」や「模擬裁判」は，これま
で主権者教育ととらえられていただろうか？　おそらく答えは「否」だろう。このこ
とから，主権者教育を行う際には，「主権者としてこのような力を身に付けさせるた
めに，この教材やこの教育メソッドを利用するのだ」という明確な意識が授業者に必
要となる。同時に，生徒に対しても「授業の目標」や「獲得して欲しい『力』」の説
明が必要である。

注
1) 前掲した，宮崎県選挙管理委員会によるアンケート。
2) マニフェスト学習参照。この「マニフェスト学習」をさらに使いやすくした「ワークシート」〜18歳選挙権に向けて
　〜」もある。詳しくは，清水書院に連絡を取っていただきたい。
3) 「2012年11月24日　日本経済新聞　プラスワン」には，「1票の価値は100万円以上？」との記事がある。また，
　「2014年11月26日　日本経済新聞」には，「低投票率の20〜49歳の若年世代が1％投票を棄権すると，1人あ
　たり年間約13万5000円の損となる」との記事がある。これらをもとに教材化をしたい。また，NHK「深読み」
　（2016年1月16日放送）の「18歳選挙権　私の1票がニッポンを変える！？」にも参考になる事例があった。
4) 模擬選挙学習参照。

選挙をアクティブに学ぶ　投票率向上の方法を考える　75

選挙をアクティブに学ぶ
マニフェストを読み解こう

藤井　剛

■マニフェストを読み解く意義

　もともとマニフェスト（manifesto）は「宣言・声明書」を意味する言葉だが，特に政治の分野では「選挙の際に政党などが発表する，具体的な公約」を意味している。従来の公約が抽象的なスローガンになりがちなのに比べ，マニフェストでは「政策の数値目標・実施期限・財源・方法」などを明示するのが普通である。これにより主権者である国民が，政策の実現性をより明確に判断できるようにしている。

　この語が大きく注目されたのは，2003年に行われた統一地方選と衆院選だった。まず統一地方選で多くの候補者がマニフェストを提示したことが話題となり，その後の衆院選でも各政党が「政権公約」としてマニフェストを提示したのである。これらマニフェストの本家は，イギリスの総選挙と言われている。イギリスでは総選挙の直前になると，各政党がマニフェストを発行している。1997年には，労働党が「国営病院の入院待ち患者を10万人削減する」などの具体的な数値目標を掲げ，総選挙に勝利したことがマニフェストを有名にしたといわれている。

　なぜここまで詳しく解説したかというと，日本の選挙におけるマニフェストは，初期に比べ，具体的な「政策の数値目標・実施期限・財源・方法」などを明示しなくなり，かつての「抽象的なスローガン」＝「公約」に逆戻りしていると指摘されているからである。そのため，マニフェスト学習では，次の2点に留意するべきだろう。

①「抽象的な公約の羅列」になりがちなマニフェストの文章だが，まず具体的な「政策の数値目標・実施期限・財源・方法」が示してあるかを検証させることである。その際，高校生などにとって難しい単語などを，キチンと理解させるよう説明する必要がある。例えば「公的年金制度の一元化」「基礎的財政収支」などは高校生などにとってすぐには理解できない用語である。また，その政策の実現可能性や財政的根拠などを補足しないと，高校生はその提案の実現可能性の判断が出来ない可能性がある。

②前回選挙で各党が示したマニフェストの検証を行わせることも有効である。日本人は忘れやすい民族だといわれる。前回の選挙で示した「政策の数値目標」は達成できたのか，「実施期限」は守られたのかなどを検証させ，例えば点数化するなどで，各党の政策実行力を評価させたい。

やってみよう！ マニフェストを比較しよう

投票率向上のテーマで説明したが，若者は「政党が提案しているマニフェストをすべて理解し，比較出来るようになって投票すべき」だと考えているらしい。おそらく多くの有権者は，興味関心のあるテーマ2〜3項目のマニフェストを比較して投票しているのではないか[1]。そのため，「投票の基準作り」を行い，若者の投票への心理的ハードルを下げるために行う手法が，いくつかの政策を比較して投票先を決める「マニフェスト比較」である。

まず，自分が関心のある政策を選ぶ。政策は，「法律」「経済」「財政」「社会保障」「安全保障」「外交」「資源・エネルギー政策」「教育・文化・スポーツ」「農林水産業」「TPPを含む国際経済」などのテーマから2つを選ばせる。また，その政党が一番力を入れている政策を取り出させて比較させることも有効である[2]。

選んだ2つのテーマについて，各家庭に配付される選挙公報，各党が出しているマニフェストや新聞に載っている「マニフェスト比較一覧」などを参考に4章のワークシートの「政策比較一覧」を完成させる[3]。

次に，各党の政策比較（実現可能性など）を行わせる。この際，質問を受け付けて用語や基礎的数字の確認を行う。

最後に，自分の意見と同じ，あるいは近い考え方の政策にラインを引かせる[4]。ただし，投票の基準は政策だけではなく，政策の実行力，専門性，地域性など，他に考慮すべきこともあることも説明する。

以上の手順で，政策を比較するのは大変だという心理的ハードルを下げていきたい。

注

1) 多くの有権者は，割と単純な「投票の基準」に従って投票先を決めたり，「数項目の政策を比較した」だけで投票する政党を決めていることを若者にはキチンと伝えるべきだろう。この点は，前掲したNHKの「深読み」の中で，アドバイザーとして出席している「大人」が，「マニフェストをすべて理解しているわけではない」とか，「投票で考えているのは数項目だけ」と発言していることが参考になる。また，極端に言えば「社会はいろいろ問題を抱えているが，これから良くなっていくだろうし，あまり変わらなくても良い」と考えている人は現状の与党に投票するし，「社会はいろいろ問題を抱えており，このままでは大変なことになるかもしれないから変えていくべきだ」と考えている人は，期待できる野党に投票することを理解させたい。

2) 前述したが，公示日の新聞の夕刊には，各党の党首の第一声が載っている。この第一声は，この選挙を通じてその政党が一番伝えたいことであることが多いことに注目させたい。

3) ここでは紙面の都合上，4政党の比較表にしてある。

4) 投票の基準について，グループディスカッションを行うことも有効である。

選挙をアクティブに学ぶ
請願をしてみよう

藤井　剛

■請願活動の目的

　「主権者の活動」というと，もっぱら「国政選挙での投票」ととらえがちだが，「身近にある生活上の課題」を解決することも「政治」であり，主権者の行う活動の一つである。確かに「消費税」や「社会保障システム」も私たちの生活の大きな課題であるが，「小学校が統合されて遠くなってしまうのは困る」「老人ホームが足りなくて困っている」「郊外に大きな商業施設が出来，古くから駅前にある商店街がさびれている」などは，私たちの生活や地域の将来と密接に関係する。このような身近な課題に目を向け，課題を地域の人たちから集めたり，優先順位を付けたり，財政上の課題を考えたりして，請願活動を行い自分たちの住んでいる地域をよりよくしていこうとする行動を通して，主権者としての役割を身に付ける活動が請願である。なお，高校生も提案が可能である地方自治体もあり，実際の請願を行うことにより，現実の議会の活動を経験することも出来る。

やってみよう！
■請願の手順

　まず，地域が抱えている課題や住民の要望を集める。具体的には，生徒が家に帰って生徒の保護者[1]に身近な問題で困っていることをあげてもらったり，近所の方や知り合いにインタビューを行って集める[2]。質問項目をあげておいた方がインタビューしやすいようならば，①教育，②福祉，③ゴミ・環境，④交通，⑤街作り，⑥その他の6項目くらいを用意してインタビューに臨むと良い。ただし，すべてに答えてもらう必要はない。

　次に，集めてきた地域の要望などを，4人1班になって集約して，どの要望を請願するか，請願内容を各班1項目に絞る。その際，市民生活にとって不足しているものは何かという視点から考察する。その後，実際に政策化するためには「予算化」する必要があることが多いので，予算的な措置を考える。具体的には，この要望を実現するためにはどのくらいの予算が必要なのか，また，住んでいる自治体にはその財政的余裕があるのか，もしないのならば，どこかの予算を削る余地はあるのか[3]，予算を削るデメリットと住民の要望の実現によるメリットはどちらが大きいのか，などを考える。このように，住民の「個別的な要望」を，「社会全体の利益」の点からと

らえ直すことは，主権者として身に付けておきたい力である。また，予算的措置を考えるにあたっては，自治体の予算の状況や課題の状況などを役所に行って説明してもらったり，データなどをもらってくることが考えられる。その場合は，事前に質問事項などを担当の部署に送り，アポイントを取って行くよう指導したい。

　請願内容とその予算的措置まで準備が出来たら，いよいよ請願書の作成に入る。請願書のフォーマットや記入例は，自治体のHPにアップされていることが多いのでそれを利用して作成する。具体的な記入内容は，請願の趣旨，請願理由，請願項目などであるが，作成に関しては，請願の内容が個人的な要望ではなく「公共性」の高いものであること，請願の趣旨が明確で，請願の根拠がはっきり示しているような記述になるよう指導したい。また，紹介してもらう議員から内容についてアドバイスを受けたり，請願を提出する議会事務局からフォーマットのチェックをしてもらったりすることも有効である。

　請願書が完成したら，いよいよ請願の提出である。請願の提出には議員の紹介が必要であり，その際，紹介議員が多いと採択される可能性が高くなる。提出先は「議会事務局」である。

　請願が受け付けられたら，議会のなかに設置されたいる専門委員会で審議され，投票で「採択」「不採択」が決まる。審議では，関係する部署に状況を説明してもらったり，資料を提出してもらったりして審議が進むので，提出した請願が議論される予定の委員会の開催日を教えてもらい，実際の議論を傍聴すると良い経験になる。また，審議の当日，傍聴に行けなくても，多くの自治体では，現在，議会の審議内容などは，HPにアップされており，自分が提出した請願のキーワードを打ち込めば自動的に検索することができ，審議の状況を知ることができる。

注
1）生徒の活動などに，保護者に協力していただくことは有効である。まず第1に，学校がどのような教育活動を行っているかを知ってもらえる。第2に，保護者と生徒の間に共通の話題を提供することができる。保護者面談で，「家で父親と宿題について話しをしていて，子どもが親の考え方や視点に驚き，それ以来，反抗しなくなりました」との話を聞くこともある。第3に，社会的関心を持たない保護者には，保護者の意識も変わることが期待できるからである。
2）インタビューの前に，インタビューの趣旨や質問に答えてもらうことを書いた「お願い状」を学校から出すと協力が得られやすい。
3）予算状況を確認するためには，自治体のHPから確認したり，直接役所を訪問して質問したりすることも出来る。

> 選挙をアクティブに学ぶ
> # 選挙管理委員会とどうつき合うか

藤井　剛

■選挙管理委員会の基礎知識

　選挙管理委員会とは，執行機関から独立して選挙を管理するために団体内部に設置される機関のことである。国におかれる中央選挙管理委員会，都道府県におかれる都道府県選挙管理委員会，市区町村におかれる市区町村選挙管理委員会がある。委員の人数は，中央が5名，地方が4名である。職務は，担当の議会議員および長の選挙に関する事務を管理し，すべての選挙について投開票を行い，選挙人名簿の作成・管理を担当する。問題は，その実際上の職務を担当する事務局である。事務局は，都道府県及び市の選挙管理委員会に書記長，書記その他の職員が置かれ，町村の選挙管理委員会に書記その他の職員が置かれる（地方自治法第191条第1項）と定められているが，実際は4〜5名で構成されている事務局が大半である[1]。つまり，選挙管理委員会は「人手不足」であることが大前提である。

　また，選挙管理委員会は，「明るい選挙推進協議会（明推協）」とともに活動することが多い。明推協は，不正のないきれいな選挙と投票総参加をめざして活動している民間団体で，全国の都道府県・市区町村に設置されている。ある意味，マンパワーの足りない選挙管理委員会をバックアップしているといってよい。研修会，ポスターコンクールなど多彩な事業を独自に主催しているほか，選挙管理委員会と共催し，より効果的な投票啓発活動を行っている。

■選挙管理員会と学校

　選挙管理委員会は，上記のような選挙実務と同時に，選挙違反の防止や投票を促す啓発活動などを行っている。投票への啓発活動に関しては，これまではお祭りなどのイベントで，期日前投票の紹介や投票参加を訴えたりしていたが，2015年の選挙権年齢引き下げに伴い，若者の投票行動を促す活動を行おうとしている。具体的には，選管と教育委員会が連携の協定を結んだり，選管が現場の先生方に主権者教育のセミナーを開いたり，選管が学校への出前授業を計画し高校などへ行ったりしている都道府県がほとんどである[2]。

　高等学校などにとって選挙管理委員会との連携は，開かれた学校づくりの一環としてだけではなく，選挙に関する正確な，そして「中立」に配慮した説明をしていただけたり，模擬選挙実施の際に，受付係，投票用紙交付係，投票立会人，開票係の生徒への指導など「主権者教育」推進に伴う負担を軽減してもらえたりする機関となる。

現在，選管や明推協は，18歳選挙権を投票率向上の好機ととらえ，高校などと連携して啓発活動を積極的に行おうとしている。下の資料は，ある政令指定都市の選挙管理委員会のHPである。確認できるように，本物の投票箱や記載台を貸してくれたり，選挙そのものの説明や生徒が行う投票事務の説明なども行ってくれるばかりか，該当の政令市では「架空の市長選挙」の立候補者も連れてきてもらえる。さらに，「中立」の説明を行ってもらえるなど，まさに「至れり尽くせり」である。

　ただし，学校にとっては慣れない外部機関との連携であり，日程調整などが難しいかもしれないが，回数を重ねるうちに慣れると思われる。また当初は，窓口がどこになるか分からないなどの戸惑いがあると思われるが [3]，前述した選管が開催する教員対象の主権者教育のセミナーに参加し名刺交換を行うなど，積極的な人脈の開発を心がけたい。いずれにせよ，現実の選挙を利用した際の模擬選挙などでは，公職選挙法に十分配慮した教育を行う必要があり [4]，学校と選管・明推協との連携は，今後不可欠になってくるはずで，様々な情報収集が必要だろう。

資料

```
【学校宛て】主権者教育でお困りの先生。ご相談ください！！
　○○市選挙管理委員会では，選挙権年齢引き下げに伴う主権者教育の支援のため，
様々なメニューを用意しています。
　授業などで活用したい場合は，気軽にご相談ください。
　主なもの
（1）出前授業
　①模擬選挙（要2時限程度）
　　実際の物品（投票箱や記載台）を使用した架空の市長選挙など
　②講義（要1時間程度）
　　選挙制度の基本や選挙違反の事例などについて解説します。
（2）選挙物品の貸し出し
　　投票箱，記載台，投票用紙計数機などの貸し出しを行っています。
（3）選挙に関する授業の為の資料提供
　①投票率など各種選挙データや選挙公報の提供
　②模擬選挙用投票用紙の提供
（4）その他注意事項
　　なお，時期などにより，対応が難しい場合もあります。早めにご相談下さい。
```

注
1) 他部署との兼任の職員も多く，専任の職員がほとんどいない委員会もある。
2) それぞれの都道府県選挙管理委員会のHPを参照していただきたい。地域によっては，都道府県選管が市町村選管と連携を取り，学校に出前授業に行くのは市町村の選管である場合もある。
3) 窓口は，都道府県選挙管理委員会である地域がほとんどである。
4) 72，73ページの「模擬選挙－実際の選挙に合わせて模擬選挙を行ってみよう！－」参照。

4章
主権者教育
ワーク

藤井　剛

岸尾祐二

協力

小島明日奈

五十嵐英美

コピーして生徒に配布してご使用下さい

選挙のための 基礎知識 1

選挙で使われる用語 ①

選挙年齢
年齢は、誕生日の前日に一つ年を取ると見なします。投票日の翌日が18歳の誕生日の人は、投票日には18歳と見なされて投票ができます。

選挙人
選挙権を持つ人のことで、一般的には有権者と言われています。

選挙区
議員を選挙するために都道府県や市区町村などの区域を区分して定められた区域のこと。

投票所
投票する場所。投票は指定された投票場所でしか投票することができず、住んでいる地域によって投票場所が決まる。

定　数
選挙で選ばれるよう定められた当選人の数のこと。

総選挙
衆議院議員全員を選ぶ選挙のこと。選挙区選挙と比例代表選挙があります。

一般選挙
地方公共団体（都道府県や市区町村）の議会の議員全員を選ぶ選挙のこと。

通常選挙
参議院議員を選ぶ選挙のこと。選挙区選挙と比例代表選挙があります。

最高裁判所裁判官国民審査
最高裁判所の裁判官を国民が審査する制度。衆議院議員総選挙に合わせて行われます。

公示と告示
公示も告示も選挙期日を告知することです。公示は天皇が国事行為として内閣の助言と承認によって行われるもので、衆議院議員総選挙および参議院議員通常選挙のみで行われます。その他の選挙で選挙管理委員会等によって告知されるものを告示といいます。

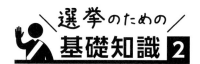

選挙で使われる用語 ②

🏵 小選挙区選挙
選挙区から1人選出する選挙。

🏵 比例代表選挙
政党等の得票数に応じて議席を配分する選挙方法。

🏵 候補者名簿
衆議院や参議院の比例代表選挙で政党が、候補者の氏名等を記し、届け出た名簿のこと。

🏵 重複立候補
2つ以上の選挙の候補者になることです。原則禁止されていますが、唯一の例外として、衆議院議員選挙では政党が届け出た小選挙区の候補者を同党の比例代表選挙の候補者として名簿に登載できます。

🏵 ドント式
ベルギーの数学者ドントが考えた得票の配分方法で、まず各政党の得票数を1, 2, 3…の整数で割り、その割り算の商が多い順に、各政党の議席が配分します。
例えば、定数10人の選挙区でA党、B党、C党、D党のそれぞれの得票数が次のような結果になった場合は次のようになります。

政党名	A党	B党	C党	D党
総得票数	15000	11000	8000	5200
÷1	15000①	11000②	8000③	5200⑥
÷2	7500④	5500⑤	4000⑧	2600
÷3	5000⑦	3666.7⑩	2666.7	1733.3
÷4	3750⑨	2750	2000	1300
当選者数	4人	3人	2人	1人

①～⑩の順番で各政党の議席の配分が決まります。D党の総得票数÷1（図中⑥）よりもA党、B党の総得票数÷2の票数（図中④⑤）が多いので、④⑤⑥の順に議席が配分されます。

選挙のための 基礎知識 3

選挙で使われる用語 3

補欠選挙
議員の辞職や死亡などにより議員の定数が不足した場合に行われる選挙のこと。

統一地方選挙
都道府県知事、市区町村長、都道府県議会議員、市区町村議会議員の選挙を、全国的に同じ日に行う選挙。

無効票
白紙投票、候補者でない者の氏名を書いた票など法律に反し、無効になった投票。

記号式投票
投票用紙に書かれた政党名や候補者名に投票者が印をつけて投票する方式。地方公共団体の議会の議員や首長の選挙について、条例により採用できます。

政見放送
テレビ、ラジオを通して行う選挙運動で、候補者の政見や政党等の政策などを放送します。

選挙公報
候補者の申請により、候補者の氏名や所属政党、政策等が掲載され、選挙管理委員会が発行する公報です。衆議院、参議院の比例代表選挙では、政党等の申請により、政党等の政策や名簿登載された候補者の紹介等が掲載されます。投票日の2日前までに全世帯に配布されます。

供 託
売名行為などの無責任な立候補を防ぐことが目的で、立候補届出の際に、候補者や政党が現金や国債を預ける制度です。法律で定められた得票数に達しない場合には、全額または一部没収されます。

供託額は衆議院小選挙区で300万円、参議院選挙区で300万円、衆議院比例代表1候補者につき600万円（重複立候補者は300万円）、参議院比例代表1候補者につき600万円となっています。

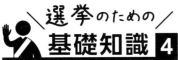

衆議院議員選挙

　衆議院議員選挙は「総選挙」と言います。天皇の国事行為として選挙期日が公示されます。

選挙の方法

投票は、小選挙区選挙、比例代表選挙という衆議院議員選挙のほかに最高裁判所国民審査も同時に行われることが多いようです。

● **小選挙区選挙**

　全国を295の選挙区に分け、候補者名を書いて投票します。得票数が最も多い候補者が当選となります。

● **比例代表選挙**

　全国を11の選挙区（ブロック）に分け、政党名を書いて投票します。各政党の得票に応じてドント式で政党の当選者数が決まります。各政党があらかじめ届け出ていた名簿に書かれている順位に従って当選者が決まります（拘束名簿方式）。

参議院議員選挙

　参議院議員選挙は「通常選挙」と言います。選挙区選挙と比例代表選挙がありますので、2つの投票を行います。参議院議員の改選は、議員定数の半数ずつ行います。

選挙の方法

● **選挙区選挙**

選挙区に立候補している候補者の氏名を書いて投票します。複数の定員の選挙区もあるので、得票数の多い候補者から当選します。

● **比例代表選挙**

全国を一つの選挙区として、政党名または候補者名を書いて投票します。各党の当選者数は、ドント式で決定します。それぞれの政党内での当選者は、候補者名での得票数に応じて決まります。

選挙のための基礎知識 5

📢 選挙運動

　選挙運動とは、特定の選挙で特定の候補者を当選させるために働きかけることです。選挙運動にはポスターや選挙公報、新聞広告、街頭演説や演説会、選挙カー、政見放送、ウェブサイトや電子メールの利用などがあります。

　選挙運動は、18歳以上の人ならできます。ただし、警察官や裁判官、選挙管理委員会の職員といった特定公務員などは除きます。国籍は問わず、外国人もできます。同じ高校3年生でも、18歳になっていればできますが、17歳はできません。

　選挙運動は、選挙ごとに定められた選挙運動期間しかできません。選挙運動期間とは選挙の公示日（または告示日）に候補者が立候補の届け出をした時から、投票日の前日までの間です。参議院選挙は17日間、衆議院選挙は12日間です。地方選挙の場合は、知事選挙が17日間、政令指定都市の市長選挙が14日間、都道府県議会選挙及び政令指定都市議会選挙が9日間、そのほかの市議会選挙及び市長選挙が7日間、町村議会選挙及び町村長選挙が5日間です。

　時間は、投票日の前日の深夜12時までできますが、街頭演説や選挙カーでの運動は午前8時から午後8時までです。

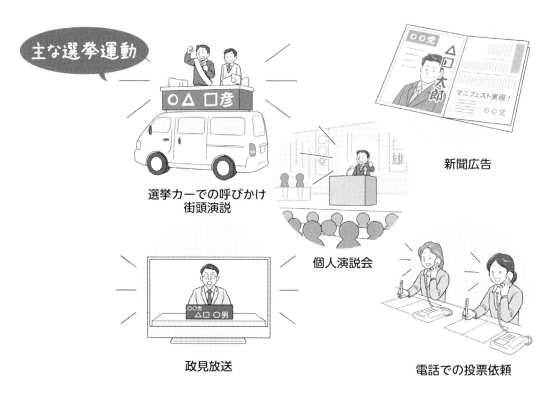

主な選挙運動

選挙カーでの呼びかけ 街頭演説

新聞広告

個人演説会

政見放送

電話での投票依頼

選挙のための基礎知識 6

選挙運動でできること

　知人や友人に、特定の候補者に投票をお願いすることはできます。
　インターネットの活用では、ツイッターや、フェイスブック、無料通信アプリ「LINE（ライン）」といったSNS（ソーシャル・ネットワーキング・サービス）、ホームページ、ブログ、動画中継サイトなどのウェブサイトを利用して選挙運動を行うことができます。投票を依頼するメッセージを書き込んだり、政策を訴える動画を投稿したりできます。
　ただし、読んだ人が投稿した人と直接連絡が取れるよう、ツイッターのユーザー名や電子メールアドレスなどを表示することが義務づけられています。

選挙運動でできないこと

　投票を依頼することを目的として戸別に家を訪問することや選挙に関して、特定の人に投票するよう又はしないようにすることを目的として、選挙人に対して署名運動をする行為は禁止されています。
　また、飲食物や金銭、物品を提供して投票を依頼することも禁止されています。
　電子メールを使った選挙運動は、候補者と政党はできますが、それ以外の人は年齢に関わらずできません。知人や友人に特定の候補者に投票をお願いするメールは送れません。候補者や政党から届いた選挙運動のための電子メールを、ほかの人に転送したり、プリントアウトして配布することも禁止されています。

選挙運動の禁止行為

買収、供応

個別訪問

飲食物の提供

あいさつ状、マニフェスト送付

選挙のための基礎知識 7

期日前投票・不在者投票

　選挙の当日に、予定が入った、入院したなどで投票所に行くことができなくても投票ができます。それが期日前投票と不在者投票です。

期日前投票

　選挙日の前であっても同じ方法で投票ができる制度です。
　選挙期日の公示日（告示日）の翌日から選挙期日の前日までの午前8時30分から午後8時まで投票ができます。
　投票する場所は、各市区町村に1カ所以上設置される「期日前投票所」で、投票の手続きは選挙期日の投票所での投票と同じで、投票箱に投票します。

　選挙期日に18歳になる予定であっても18歳になっていなければ期日前投票はできません。その場合は、不在者投票をします。

不在者投票

　仕事や旅行、入院などで、投票日に投票所に行けない人は、滞在先の市区町村の選挙管理委員会で不在者投票ができます。また、指定病院に入院している場合は、その施設内で不在者投票ができます。
　選挙の手続きは、名簿登録地の市区町村の選挙管理委員会に、直接または郵便等で投票用紙など必要な書類を請求します。交付された投票用紙などを持参して、投票する市区町村の選挙管理委員会に出向きます。病院の場合は、病院長などを通して請求した書類で、病院長の管理する場所で投票します。
　船に乗っている場合や南極観測の隊員はファクシミリで投票します。

選挙のための基礎知識 8

一票の格差

　選挙では選挙区ごとに有権者の数が違います。そのため一人の議員が当選するために必要な得票数が選挙区によって違います。ある選挙区では1000票で当選できても、ある選挙区では2000票でも当選できないということが起きます。

　私たちは、投票することで政治に参加します。その投票に差があるということは、私たちの政治への参加の度合いに差があるということになります。

　例えば、ある政策に賛成したい、または反対したいという考えを実現するためにA選挙区では1000人を集めれば実現できるのに、B選挙区では2000人が必要になります。これではB選挙区のほうが不利です。これはB選挙区の一票の価値が低いとも言えます。つまり、一人の議員が当選するための得票数が多ければ多いほど、有権者の票の価値が下がるということになります。

　この票の価値の差を「一票の格差」と言います。最高裁判所では、この差が大きい場合は「法の下の平等」に違反するとして憲法違反と判断していて、格差が2倍未満になるよう求められています。

　実際の選挙について次の表に書き入れて、一票の格差について調べてみましょう。

選挙

	自分の選挙区	最多有権者数選挙区	最少有権者数選挙区
A　有権者数			
B　当選者数			
C　A÷B	①	②	③
一票の格差		②÷①	③÷①

※上の表では②÷③が最大格差になります。

気づいたことを書きましょう。

世界の選挙権年齢

世界の国々選挙権年齢です。どのようなことが分かりますか。

国　名	選挙権年齢	国　名	選挙権年齢
アメリカ合衆国*	18	大韓民国	19
アルゼンチン	16	中華人民共和国	18
イギリス*	18	朝鮮民主主義人民共和国	17
イタリア*	18	ドイツ*	18
オーストラリア	18	日本*	18
オーストリア	16	フランス*	18
カナダ*	18	ロシア	18
シンガポール	21		

*はG7（主要国首脳会議）参加国

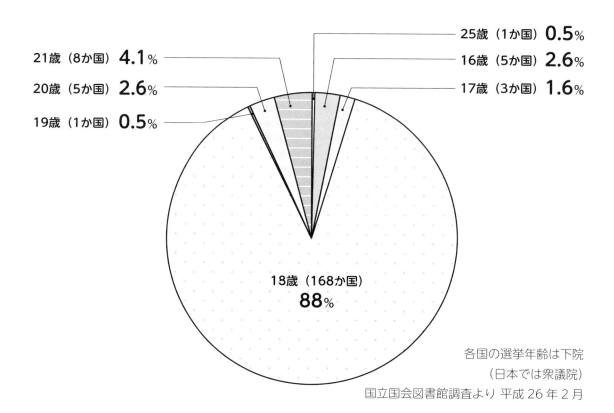

各国の選挙年齢は下院
（日本では衆議院）
国立国会図書館調査より 平成26年2月

投票率

次のグラフは衆議院選挙の投票率です。

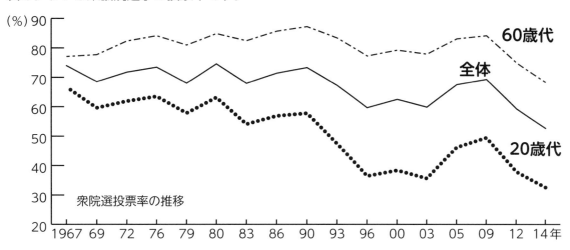

衆院選投票率の推移

18歳選挙権に反対の理由は（3つ以内で複数選択）

回答集計

選択肢	回答人数	「反対」の生徒に占める割合※1	全生徒に占める割合※2
1　政治や選挙に関する知識がないから	4,440	62.9%	14.5%
2　18歳は、まだ十分な判断力がないから	4,189	59.4%	13.7%
5　どうせ選挙に行かない人が多いから	3,001	42.5%	9.8%
3　年齢を下げても政治は変わらないから	2,454	34.8%	8.0%
6　まだ社会に出ていないから	1,814	25.7%	5.9%
4　忙しくて投票に行けないから	571	8.1%	1.9%
7　その他	543	7.7%	1.8%
有効回答計	17,012		

※1　「反対」と回答した生徒（7,055人）に占める割合
※2　アンケートに回答した全生徒（30,632人）に占める割合

宮崎県選挙管理委員会によるアンケートより

日本の選挙制度の歴史

年号	できごと	有権者
1889 明治22年	議院法、衆議院議員選挙法を公布	満25歳以上、直接国税15円以上を納める男子
1890 明治23年	第1回衆議院議員総選挙の実施	
1900 明治33年	衆議院議員選挙法改正	満25歳以上、直接国税10円以上を納める男子
1919 大正8年	衆議院議員選挙法改正	満25歳以上、直接国税3円以上を納める男子
1925 大正14年	衆議院議員選挙法改正（男子普通選挙制成立）	満25歳以上のすべての男子
1945 昭和20年	衆議院議員選挙法改正	女性の参政権を認め、満20歳以上のすべての国民が選挙権を有する「完全な普通選挙」が実現
2015 平成27年	公職選挙法改正	満18歳以上のすべての国民

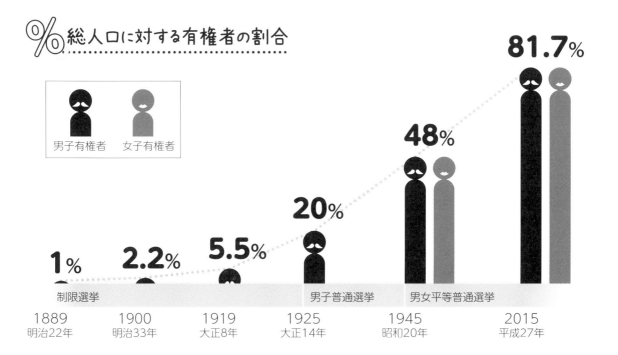

世界の国々の首脳

国 名	制 度	首 脳	任 期	任期上限	選び方
アメリカ	大統領制	大統領	1期4年	2期	国民が一般投票で大統領選挙人を選ぶという間接選挙
イギリス	議院内閣制	首 相	1期5年	無し	総選挙で下院の過半数の議席を獲得した政党の党首 首相指名選挙は行われない
カナダ	議院内閣制	首 相	無し	無し	下院の多数党の党首または連立会派の代表
ドイツ	議院内閣制	首 相	1期4年	無し	大統領の推薦に基づき、下院議員の中から過半数の賛成で選出される
フランス	大統領制	大統領	1期5年	2期	国民の直接選挙
イタリア	議院内閣制	首 相	1期5年	無し	イタリア議会の両院と各州の代表から選ばれたイタリア大統領による任命
日 本	議院内閣制	首 相	1期4年	無し	衆議院と参議院での首相指名選挙による選出

選挙の街ウォッチング

投票所に行ってみよう

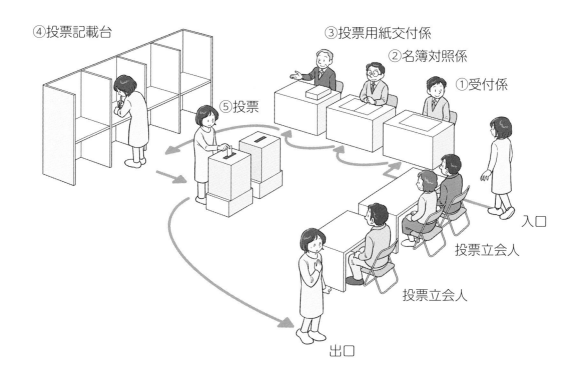

投票所

　投票日前に入場券が郵送されてきます。投票所は住んでいる住所によって指定されます。入場券に記載されていますので確認しましょう。

投票の順序

1 受付係①へ入場券を渡し、名簿対照係②で本人確認をする。
2 投票用紙交付係③で投票用紙の交付を受ける。
3 投票記載台④で候補者名又は政党等の名称を投票用紙に記入する。
4 投票用紙を投票箱⑤へ投函する。

※候補者（政党等）は、必ず、投票者が自分で書かなければなりません。ただし、目の不自由な方や身体に故障等のある方は、「点字投票」や「代理投票」ができます。
※投票立会人は、投票が公正に行われるよう監視します。人数は2人以上5人以下です。

やってみよう　政策討論

政策提案例　第1テーマ「少子高齢化政策」

●第1提案
- (1) 内容：認定保育園の大幅増加
- (2) 数値目標：合計特殊出生率を 0.3 アップ
- (3) 予算：2億円／年（主に保育園増設）
- (4) 財源：民間資金の活用と消費税増税による国からの補助金を利用
- (5) 手段：①認定保育園を市内に 8 カ所新設し、「待機児童0（ゼロ）」にする。
    ②保育料や給食費は、年収に応じて段階をつける。
    ③家庭の要望による「一時預かり」を可能にし、「放課後児童クラブ」との連携も密にして、兄弟が同じ施設で生活できるように配慮する。

●第2提案
- (1) 内容：高齢者の社会的活用
- (2) 数値目標：

（以下省略）

吹き出し注記：
- 有権者にアピールできる題名をつける。
- 第1テーマに提案は2つ、同様に、第2テーマも提案は2つできるので準備する。
- 政策討論会では、この数値の根拠を質問されるので資料等を用意しておく。
- ①〜③の手段で、どうして数値目標が達成できるのか、具体的に手順などを説明できるようにしておく
- 2億円が本当に捻出できるのか、質問への答えを準備しておく。
- 第1提案と同じく、この提案がなぜ少子高齢化対策となるのか説明できるように十分準備する。

司会例

司会：では、第1テーマの「少子高齢化対策」について、各候補者の政策をお聞きしましょう。まずAさん、提案をお願いします。
A：………
司会：では次に、Bさん、お願いします。（中略）
司会：AさんとBさんは、同じような手段を提案していますが、財源が大きく異なりますね。その点はいかがお考えですか？
A：B候補の財源については、…という点で少し疑問があります。具体的には…。（中略）
司会：ここで有権者からの質問を聞いてみましょう。質問がある方は手を挙げて下さい。

（以下略）

やってみよう 政策討論

①あなたが選んだ『課題のキーワード』を「A〜C欄」に記入しよう。

②それぞれのキーワードに対する各候補者の得点を図に記入しよう。(例：●印)
※「1〜3」は得点を表す。図の中心から遠いほど高得点。

③得点を候補者ごとに色別の線で結ぶ→三角形が完成。

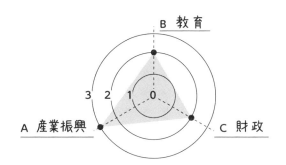

候補者1

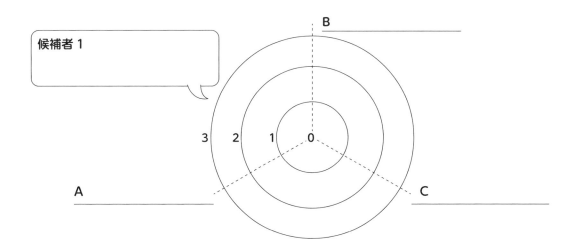

候補者2

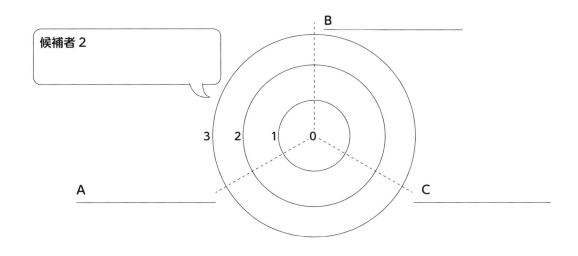

マニフェストを比較しよう

政策比較一覧

政党名				
自分が関心のある政策 NO.1				
自分が関心のある政策 NO.2				
その政党が力を入れている政策				
自分のコメント				

身近な選挙を調べてみよう

選挙名 　　　　　　　　　　　　　　　　　　　　　選挙

選挙区名

当選者数　　　　　　　　　　　**候補者数**

自分の住所による投票所

争点になっていること

気づいたこと

🔍 新聞などで報道されていること（切り抜きなどを貼りましょう）

選挙の予定表

これからどんな選挙があるのか調べてみましょう。

	2016	2017	2018	2019	2020	2021	2022	2023
衆議院議員								
参議院議員								
知　事								
都道府県議会議員								
区市町村長								
区市町村議会議員								

　投票日が分かっているものは、投票日を書き入れましょう。
　投票日が分からなくても、選挙があることがはっきりしている年には○を書きましょう。
　衆議院は議員の任期は４年ですが、解散がありますので、どの年に選挙があるかはわかりません。
　参議院は解散がありませんので、選挙の年がはっきりとしています。ただし、議員が辞職したり死亡した場合は、補欠選挙が行われます。

執筆者紹介

田中治彦 上智大学教授

主な著書

『アジア・太平洋地域の ESD の新展開』 明石書店

『若者の居場所と参加－ユースワークが築く新たな社会』 東洋館出版社

『ユースワーク・青少年教育の歴史』 東洋館出版社

藤井　剛 明治大学特任教授

主な著書

『入門　社会・地歴・公民科教育』 梓出版社

『とっておき授業　LIVE 集』 清水書院

『詳説　政治・経済研究』 山川出版

岸尾祐二 聖心女子学院初等科教諭

主な著書

『新聞を活用した読解力向上ワーク―PISA 型読解力がグングン身につく』 東洋館出版社

『メディアリテラシーは子どもを伸ばす―家庭でできること、学校でできること』

城島　徹 毎日新聞社「教育と新聞」 推進本部

主な著書

『新聞活用最前線』 清水書院

『関西再度 story』 エピック

町田貴弘 広尾学園中学校・高等学校教諭

協　力

小島明日奈 毎日新聞社

五十嵐英美 毎日新聞社

やさしい主権者教育
―18歳選挙権へのパスポート―

2016（平成28）年6月20日　初版第1刷発行

編 著 者　田中治彦・藤井　剛・城島　徹・岸尾祐二
発 行 者　錦織　圭之介
発 行 所　株式会社　東洋館出版社
　　　　　　〒113-0021
　　　　　　東京都文京区本駒込5丁目16番7号
　　　　　　（営業部）電話03-3823-9206　　FAX03-3823-9208
　　　　　　（編集部）電話03-3823-9207　　FAX03-3823-9209
振　　替　00180-7-96823
Ｕ　Ｒ　Ｌ　http://www.toyokan.co.jp

印刷・製本　藤原印刷株式会社

ISBN978-4-491-03249-8
Printed in Japan